JN222628

田中博子 *Hiroko Tanaka*

食べきりサイズで作る ジャムの本

東京書籍

contents

＊計量単位は、1カップ=200㎖、大さじ1=15㎖、小さじ1=5㎖です。

＊オーブンの温度と焼き時間は目安です。
　機種によって違いがあるので加減してください。

＊卵は特にことわりのない場合、Lサイズ（1個60ｇ）を使っています。

＊製菓用チョコレートは、タブレット状のものはそのまま使い、
　ブロックのものは削って使います。

今日も口福を求めて
ジャムを炊いています

皆さんはジャムをどのようにして食べるのが一番好きですか？ バターのせトースト＆栗ジャム、寒天＆梅ジャム、ヨーグルトとバニラアイス＆いちごジャム。わたしは、この3つの組み合わせが大好物です。

毎年季節がやってくると繰り返し作るわけですが、ジャムはたくさん作る楽しさもある一方で、気がついたら包丁を持つ手がすごく痛い、なんていうことを度々経験される人も多いのではないでしょうか。もう少し手軽に、おいしいジャムを手作りしてもらいたい、そんな思いから本書は「家庭で作りやすい量で作る」という点に着目して1冊にしました。

2016年に出版した『ジャムの本』やジャムレッスンを通して、多くの方との新しい出会いをいただきました。レッスンをする度に、ジャムの本を活用してくださっている皆さんと実際に出会うことができ、そこで生まれる気持ちや会話は私の原動力になっています。その出会いの中で、「ピールの作り方を知りたい！」というお声がよく聞こえてきました。ピール作りは時間がかかりますが、ジャム作りを愛する人たちはピール作りにも興味があるということを感じました。もうひとつ、よく質問されるのが「柑橘の種類が多すぎて、特徴がさまざまな柑橘をどのように扱ってジャムを作ってよいかわからない」というもの。本書では、柑橘ジャムの説明をより詳しく、そして作りやすい量で紹介しています。また、皆さんのリクエストにお答えし、ピールの作り方も掲載しました。

柑橘のピールは、この方法でよいと思えるまでは、長い道のりでした。オーストラリアで生活していたとき、週末のファーマーズマーケットに出かけることが楽しみでした。お目当てはカラカラオレンジ。ピンクがかった果実が特徴のカラカラオレンジ。おいしい果実を夢中で食べていたので、皮がたくさんあるわけで、上海の義母のおき土産である氷砂糖もキッチンにたっぷりあり、これを使ってみたら大正解。氷砂糖の素晴らしさに開眼しました。そのときの環境が私のピール作り熱を加速させたように思います。そして何よりも時間がたっぷりあったので、経過もじっくり観察できました。このピールにチョコレートがけをしたら、もう最高です。

砂糖を入れて沸騰させるだけでもジャムにはなりますが、それでは糖分で包まれてしまい、香りも味もしない甘いだけのジャムになってしまいます。

この本を見てジャムを作っていただけたら、今まで作ってきたジャムとの違いに驚かれるだろうと思います。瓶を開けた途端に、いや、開ける前から、果実の輝く美しい色が目に飛び込んでくるし、食べると、おいしさと同時に香りの豊かさも感じられます。この本が、「自慢のジャム」を自分の手で生み出す手助けになりますよう、願っています。

田中博子

基本の材料

ジャムの材料はいたってシンプル。
旬のおいしい時期のフルーツを使い、それぞれのフルーツの
香り、色、味を生かして仕上げるのが基本です。

旬のフルーツ

砂糖

レモン

■ 旬のフルーツ

ジャムの主材料はフルーツ。それも生で食べたいと思うくらい新鮮な状態のものがベスト。料理と同じように、いかに質のいい主材料を使うかが、おいしさの要です。生で食べておいしくなかったからジャムにする、食べないで残っているからジャムにする、というのはNG。それではただ甘いだけのジャムになってしまいます。

■ レモン

味を引き締めたり、変色を防ぐために、レモン果汁は必須です。梅などの酸味の強いフルーツには不要ですが、ほとんどの柑橘類、酸味があっても変色しやすいあんずなどにも加えます。ただし、入れすぎると甘みが引き立ちすぎてしつこい味になってしまうので注意。

■ ペクチン

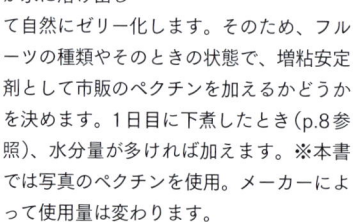

ペクチンはフルーツなどに含まれる天然の多糖類。フルーツを煮るとペクチンが水に溶け出して自然にゼリー化します。そのため、フルーツの種類やそのときの状態で、増粘安定剤として市販のペクチンを加えるかどうかを決めます。1日目に下煮したとき(p.8参照)、水分量が多ければ加えます。※本書では写真のペクチンを使用。メーカーによって使用量は変わります。

▼

ペクチンを加えるときは、砂糖に加えて泡立て器で混ぜてから加えます。

■ 砂糖

ジャムに使う砂糖はグラニュー糖が基本ですが、違う砂糖を使って味や香りに変化をつけることもあります。

▼

a   b   c

d   e

a グラニュー糖
甘みがさっぱりしていて、クセがなく、透明感が出るのが特徴。

b　洗双糖やきび砂糖
サトウキビのミネラルが残っているのでコクがあり、独特の風味があってまろやかな甘味。

c　黒糖(粉末)
豊かなコクがあり、サトウキビの風味が強いのが特徴。黒糖の風味と味と色を楽しむときに使います。

d　氷砂糖
水に溶けるのが遅いので、フルーツにゆっくりと甘味が入り、浸透圧により果実の持つ風味が外に出てきます。

e　はちみつ
甘みが強くて香りも独特。はちみつ自体の風味を楽しみたいときに使います。

砂糖とフルーツの割合は……

砂糖の量は、フルーツの重量の50％が基本です。いちごを基本の甘さ、酸味と考えるとしましょう。いちごより酸味のあるフルーツ、柑橘類やラズベリーなどは60％、もっと酸味のある梅やあんずは70〜80％にします。逆にいちごより甘く感じる桃や酸味の少ない洋なし、いちじくは、40〜45％にしてもよいですが、減らしすぎると日持ちがしなくなるので、気をつけましょう。

ここでいう「フルーツの重量」とは、鍋の中に入れるフルーツの重さです。種を除いた重量、皮を入れないなら皮をむいてからの重量。果汁も含んだ上での「正味」です。

基本の道具

フルーツを切るためのまな板、包丁、
水分量を量るための計量カップや計量スプーンのほか、
ジャム作りにおすすめの道具を紹介します。

ステンレス製ボウル

下ごしらえをしたフルーツを入れたり、下煮したフルーツをひと晩冷蔵庫に入れておくために用意したいのがボウル。熱が伝わりやすく丈夫なステンレス製のものを2～3個。

ステンレス製ザル

フルーツの水気をきったり、ゆでこぼしに使ったり。ステンレス製ボウルに合わせて用意しておきましょう。

鍋

ジャムを煮るための鍋は、厚手でふたつきのものを。わたしが使っているのは厚さ2mmの三層構造鍋。熱が全体に伝わり、フルーツをふっくらと煮上げます。また、キャラメル作りには深さのある銅鍋が熱伝導がよいのでベスト。

鍋の大きさは、フルーツを入れたとき、鍋の半分の高さくらいまでで収まるのがベスト。鍋が小さいと吹きこぼれることもあるし、煮上がりに時間がかかって味も色も悪くなってしまいます。本書では直径18cmの鍋を主に使っています。

はかり

ジャムやおやつ作りはまずは計量が大切。より正確に計量できるよう、0.1g単位で表示できるものがおすすめ。収納しやすいコンパクトなものを。

タイマー

正確な計量とともに必要なのが、正確な時間をはかるタイマー。フルーツを煮たりするとき、時計とにらめっこするよりタイマーを使った方が安心。

糖度計

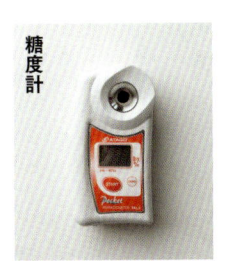

ジャムやシロップの糖度を測るのに便利。わたしが使っているのはポケットサイズのデジタル糖度計。

グレーダー（おろし器）

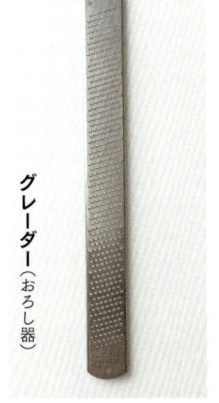

レモンやオレンジ、ゆずの皮などをすりおろすのに最適。チョコレートをおろしたり、アーモンドやクルミなど小さいものもすりおろせます。

レモンスクイーザー（レモン絞り）

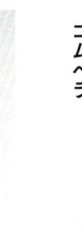

ジャム作りに必要なレモン果汁を搾るときに使います。わたしが使っているのは手にやさしくフィットする木製のもの。

ゴムベラ

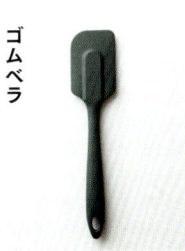

煮ているフルーツを混ぜたり、砂糖を全体になじませるときに使うので、ゴムに弾力があって、ヘラ部が大きくて混ぜやすいものを。

泡立て器

ジャムを混ぜたり、砂糖とペクチンを混ぜるときに使います。泡立て部分のふくらみが程よくあり、持ちやすいものを。

アク取り

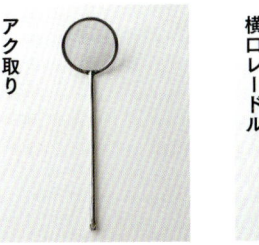

フルーツを煮ているときに出るアクを取る道具。ステンレス製でサビにくいものを。

横口レードル

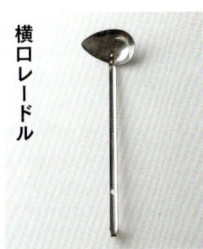

でき上がったジャムを瓶に詰めるときに便利。注ぎやすく、量の微調整も可能です。

ラップ

1日目に下煮したフルーツをひと晩冷蔵庫に入れておく際に必要。下煮したフルーツにピッタリとくっつくようにして使います。

軍手

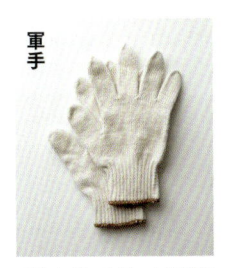

でき上がったジャムを瓶に詰めるとき、ふたをするときなど、素手で瓶を持つのは熱くて危険。そんなときに必要なのが軍手。

スポンジ

瓶の縁にジャムがついているとそこからかびてくるので、ジャムを詰めた瓶の縁をきれいに拭く必要があります。わたしは、セルロースの薄手のスポンジを小さく切って使っています。

基本の作り方

ジャムの作り方はどんなフルーツを使うかによって多少の違いはありますが、基本の考え方は同じ。
ここでは、粒ごといちごのジャム（p.32）を例にとって、おおまかな流れを説明します。

1日目

■ フルーツの下ごしらえ

フルーツは洗って水気をていねいに拭きます。皮をむくものは洗わない場合もあります。

ヘタをとる、皮をむく、種をとる、刻む……など、それぞれのフルーツに合わせた下ごしらえをします。

■ 1回目の砂糖を入れて下煮します

鍋にフルーツを入れ、砂糖を加えます。

火にかけて砂糖をフルーツ全体にまぶすようになじませます。早く水分が出るようにふたをします。

フルーツの水分が出てきたらふたをとって煮ます。

フルーツがやわらかくなるまで煮ます。

熱いうちにボウルに移します。

ラップを張り、冷蔵庫でひと晩おきます。ひと晩おくと、フルーツに砂糖がゆっくりしみ込みます。

2日目

■ 2回目の砂糖を入れて煮る

下煮したフルーツを冷蔵庫から出し、鍋に戻します。

2回目の砂糖（もしくは砂糖＋ペクチン）を加えます。

レモン果汁を加えて混ぜます。

アクを取りながらフルーツに火を通し、とろりとしてくるまで煮ます。

■ 3回目の砂糖を入れて
　仕上げる

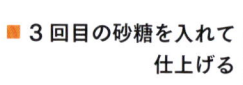   

3回目の砂糖を加えます。

再び沸騰させ、アクを取りながら煮ます。

フルーツがふっくらとして照りが出たら煮上がり。

瓶の詰め方

ていねいに作ったジャムは、いつ食べてもおいしい状態で
保存しておきたいもの。最後の仕上げとして、
瓶詰めや瓶の殺菌消毒もしっかり行います。

ジャムが熱いうちに、殺
菌消毒した瓶に詰めます。

瓶の上までめいっぱい詰
めます。

パレットナイフ、スプー
ン、フォークなど（フル
ーツによってやりやすい
もの）を使って、瓶の中
の空気を抜きます。

瓶の縁を、水でぬらして
絞ったスポンジで拭いて
きれいにします。

ふたを閉めます。瓶には
熱いジャムが入っている
ので、軍手をして行いま
す。

熱いうちに瓶をぬるま湯
で洗って布巾で拭き、逆
さまにして冷めるまでお
きます。逆さまにすると
効率よく空気抜きができ
ます。

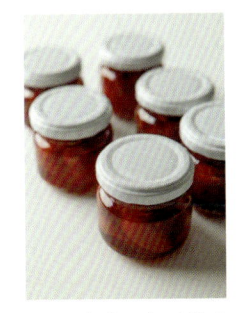

これで完成。ジャムは空
気に触れると劣化してい
くので、できれば小さめ
の瓶を用意し、何本かに
分けて保存するのがおす
すめ。この本では90㎖
容量の瓶を使用。

■ ハーブやスパイスをプラスしても

フルーツだけで作るジャムはもちろんおいしいですが、
プラスαのおいしさを醸し出してくれるのがハーブや
スパイス。たとえば、いちごジャムにミントを加える
とさわやか、バナナジャムにシナモンを加えると奥行
きのある味わいに。自家製ジャムならではの楽しみです。
この本で使ったのは、ハーブ……ミント、ローズマリ
ー、レモンバーベナ（ドライ）。スパイス……シナモ
ンスティック、シナモンパウダー、バニラスティック、
クローブ。

ハーブやスパイスを入
れるときは、仕上げに
加えます。加えた後、
さっと沸騰させて火を
止めてでき上がり。

■ 瓶の殺菌消毒は……

瓶は口を上にして天板に並べ、110
℃のオーブンで20分ほど加熱して
殺菌します。ふたはアルコールスプ
レーで殺菌しておきます。

レモンの使い方

レモンもフルーツなので、ジャム作りの際にほかのフルーツと同じように考えてしまいますが、
ちょっと注意が必要。レモンの扱い方をマスターしましょう。

■ この本で使うレモンは3種類

一般的な黄色いレモン、メイヤーレモン、姫レモン、この本では3種類のレモンを取り上げています。一般的なレモンは、時期によっては青い状態で使ってもOK。メイヤーレモンは、酸味がやさしくて皮がやわらかく、果汁がたくさんとれるのが特徴。姫レモンは、日本では収穫できる量が少ないですが、小さくて皮もやわらかいオレンジ色のレモン。どんなレモンを使ってもよいですが、ジャムにとって酸味は欠かせないので、ジャム作りのためにレモンが出回る時期にまとめて準備しておくとよいでしょう。ちなみに、皮ごと煮るレモンジャムの場合は、どんなレモンでもよいというわけではなさそうです。いろいろなレモンで試してみたのですが、たまに苦味が強く出てしまうことがありますので、p.26やp.28のように、メイヤーレモンや姫レモンのような皮がやわらかいレモンを使うとおいしいジャムができます。

■ レモンの使い方

レモンの主な使い方は、果汁を使う、皮をすりおろして使う、の2パターン。
果汁を使うときは、レモンを半分に切ってレモンスクイーザー（レモン搾り）で搾ります。皮をすりおろして使うときは、グレーダー（おろし器）で削りますが、白い部分は苦いので、黄色い皮の部分だけを削るようにします。

■ レモンの保存方法

レモンを保存するときは、皮と果汁に分けて保存するのがおすすめ。皮はグレーダーですりおろし、1個分ずつ小分けにしてラップで包んで冷凍庫へ。果汁はレモンスクイーザーで搾り、ザルで漉して種を除き、フリーザーバッグに入れて薄く平らになるようにして冷凍庫へ。冷凍しておくと、いつでも必要なときに使えて便利です。
使うときは、皮は冷凍庫から出して解凍。半解凍くらいでも、ジャムの工程の最後に加えて沸騰させながら混ぜて問題ありません。果汁は手で割って計量します。

■ レモン果汁を入れるタイミング

レモン果汁を加えるタイミングは、フルーツが十分にやわらかくなってから、が基本です。レモンを主材料のフルーツと一緒にはじめから入れてしまうと、フルーツがかたくなって、砂糖がうまく浸透しなくなってしまいます。酸には果実を煮くずれしにくくする効果があるので、フルーツの形がそのまま残って見た目は美しいかもしれません。しかし、フルーツの香りが開かないまま閉じ込められたような、果実の表面だけが甘いジャムができ上がってしまいます。フルーツを下煮してから加えるようにしてください。

■ レモン果汁を入れる量

フルーツの正味600gに対して大さじ1が目安です。レモン果汁をたくさん入れてしまうと甘さがくどいジャムになってしまうので、入れる量に注意しましょう。

下煮したフルーツをデザートに

「1日目に下煮したフルーツがおいしくて、そのまま食べたくなります」とよく言われます。
味、色、香りともにフルーツのよさを引き出しているので、デザートとして楽しんでも！

桃のコンポート

ジャムは旬のフルーツのおいしさを保存する方法。うっかり食べ頃が過ぎてしまいそうというときでも、下煮までしておけば安心です。ジャムに仕上げるほか、コンポートとして食べるのもおすすめ。ここでは桃の下煮を使用。レモンを添えると味が締まります。

いちごシャーベット

下煮したフルーツは冷凍可能。凍ったまま手で割ってミキサーなどで撹拌し、容器に入れて再度冷凍庫でかためます。フルーツがそのままペーストになるので、自然のなめらかさや濃厚さを味わえます。ここではいちごの下煮を使用。

パイナップルのジャムジュース

下煮を使えば、手軽に鮮やかなドリンクを作ることができます。大きめのピッチャーにフルーツの下煮と氷水を入れてさっと混ぜるだけ。ハーブなどを入れても。ここではパイナップルの下煮を使用。

ホットワイン

フルーツの下煮と赤ワインを鍋に入れて温めると、フルーティーなホットワインになります。冷たくして楽しみたい場合は白ワインで割っても美味。ここではブラッドオレンジの下煮を使用。

ジャム作りQ&A

「柑橘のジャムは何回ゆでこぼしたらいいの？」「瓶は何本くらい用意したらよいですか」。
教室の生徒さんからもよく聞かれる質問にお答えします。

Q. ジャム瓶は何本くらい用意したらよいのでしょうか。

A. 正味のフルーツの重さが500g＝500㎖と考えるとよいです。よって90㎖の瓶の場合は6本。そして予備で2本用意できれば確実です。

Q. 柑橘の種類が多すぎて、
どの作り方を参考にしたらよいかわかりません。
どのように判断したらよいですか。

A. 甘夏と夏みかん。文旦と晩柑やグレープフルーツのように、本書でご紹介している柑橘と似ている柑橘だと想像しやすく問題ないと思うのですが、清見オレンジは？ はるかは？ 日向夏はどうするか？ まずは手でむいてみてください。房が薄くて果汁が滴るものは、果実をひとつずつむきにくいので半分に切ってジュースにし、皮は内側の筋をとって下ゆで開始。果実がむきやすいものは、ひと房ずつむいて、房がなるべく入らないように気を配ります（ゆずは例外）。
加熱をすると果実はくずれるので、きれいにむけなかったりジュース状になったりしても問題ありません。皮は、内側の白い部分もおいしい日向夏なら、一緒にジャムにしてもよいですね。

Q. 柑橘をジャムにする場合は、
皮はどのように洗ったらよいですか。

A. 無農薬ではない場合は、塩でこすって洗うとよいです。無農薬の場合は、塩を使わずに普通に洗って使いはじめます。

Q. 柑橘のゆでこぼしは、必ず3回必要ですか。

A. ゆでこぼしの目的は、皮をやわらかくし、その後の工程で皮に砂糖や果汁をしみ込ませていくためです。よって、ゆでこぼし2回で竹串がすーっと刺さるほどやわらかくなっていれば、ゆでこぼし2回でも大丈夫です。

Q. ジャム作りの工程で、水を加えるものがあるのはなぜですか。

A. いちごやブルーベリーはジャムにするのにちょうどよい水分をもっているので、水分を加える必要がありませんが、フルーツによってはジャムにするには水分が足りないフルーツがあります。そんなときには、とろりとした状態を作り出すために水を加えます。ジャムを作るには、果実を生の状態から火を通した状態へとやわらかくしていきますが、その過程で、やわらかくなるための水分が果実そのものに備わっていない場合に水分を補充する考え方です。
補充のための水分は、水のほか、りんごジュース、みかん果汁のような酸味の少ない柑橘果汁を使います。

Q. ジャムを作る工程で、1日目に下煮して
ひと晩おくのはどうしてですか。

A. フルーツに砂糖をゆっくりとしみ込ませるためです。ひと晩おくことで実の中心まで糖分が入り込み、2日目に煮る際、形がくずれにくくなり、より美しいジャムになります。

Q. ペクチンを入れるかどうかの判断は？

A. フルーツそのものにペクチンがたくさん入っていれば、ペクチンを入れるまでもなくジャムに自然なとろみが出ますが、ペクチンを入れるかどうか迷うときがあります。その判断をするタイミングは、1日目に下煮したフルーツを冷蔵庫から出した次の日です。冷えた状態で、手でラップの上から押したとき、動かないくらいのかたさがある場合は（写真左側）、ペクチンの添加不要。手で上から押したときに沈むくらいゆるく、ボウルを揺らすとジュースのように液状になっている場合は（写真右側）、ペクチンを添加した方がジャムらしいとろみが出ます。

Q. 砂糖仕上げのピールの、砂糖がかたまってしまいました。
どうしてですか。

A. ピールをシロップで煮たとき（ザルに上げる前の状態）、煮詰めすぎると、ピールが冷えたあとに写真のように砂糖がかたまってしまいます。鍋の中で焦がさないようにやさしく混ぜながら煮て、汁気がなくなってきて皮が透き通ってきたら煮上がり。その後、ザルに上げるようにします。
また、容器に入れて冷蔵庫に入れた後、汁気が出てきてまぶした砂糖が溶けてしまった場合は、いったん容器から出してバットなどに入れ、ふたをしないで冷蔵庫に入れて乾燥させ、再度グラニュー糖をまぶすとよいでしょう。

Q. シロップ仕上げのピールを瓶に詰めた後、
下部に砂糖がかたまってしまっていました。

A. 3回目に加える氷砂糖を水飴に変えると砂糖が結晶化しにくいようです。もし、このようになってしまったら、次に作るときは水飴を使ってみてください。

橙のジャム 〉 作る時期 ▶ 2〜4月

材料 90㎖容量の瓶9本分
1日目
　橙　2個（正味約350ｇ）
　グラニュー糖　200ｇ
　水　300㎖
　氷砂糖　200ｇ
2日目
　グラニュー糖　100ｇ
　みかん果汁　100㎖

見た目はとてもかたそうですが、意外にも早く煮えます。
種以外はすべて使うので、1度にたくさんできるところも魅力。皮の部分の艶やかさが美しく、
ビターな味わいです。みかん果汁を入れると味に深みが出ます。

1日目

1 橙は洗って水気を
きり、上の部分を切り、
皮ごと縦12等分のく
し形に切る。真ん中に
ある白い部分を取り除
く。

2 芯と種を取り除く。
自然に出てきた果汁も
使うので、捨てずに取
っておく。

3 2mm幅に切り、上
の部分もヘタを除いて
同様に切る（350g目安）。

4 3を鍋に入れ、グ
ラニュー糖と水を加え、
弱めの中火にかける。

5 ときどきかき混ぜ
ながら、最初はふたを
し、沸騰してきたらふ
たを取って煮る。

6 皮に透明感が出て
やわらかくなったら、
氷砂糖を加えてさっと
沸騰させ、火を止める。

7 ボウルに移す。氷
砂糖は完全に溶けてい
なくてよい。

8 上面にラップをぴ
ったりと張り、冷めた
ら冷蔵庫でひと晩おく。

2日目

9 8を鍋に戻し入れ、
グラニュー糖、みかん
果汁を加え、中火にか
ける。

10 ときどき混ぜなが
ら、全体が沸騰してツ
ヤが出てきたらでき上
がり。

11 熱いうちに瓶に詰
め、フォークなどで空
気を抜き、ふたをする。

12 逆さまにして完全
に冷めるまでおく。

パン・ド・カンパーニュのトースト ＋ バター ＋ ブラッドオレンジのジャム

ブラッドオレンジは最近は国産のものが出回るようになりました。
私は、近所の農家さんから入手できるようになってから、毎年作っています。
タロッコ、モロと呼ばれる品種がありますが、
中が赤くても赤くなくてもブラッドオレンジらしい味に仕上がります。
酸味が強ければレモン果汁を入れなくても OK。

ブラッドオレンジのジャム > 作る時期 ▶ 2〜4月

材料 90㎖容量の瓶4本分
1日目
　ブラッドオレンジ（国産）
　　2〜3個（約500ｇ。正味400ｇ）
　グラニュー糖　140ｇ
　水　50㎖
2日目
　グラニュー糖　100ｇ
　レモン果汁　大さじ1

1日目
1　ブラッドオレンジは洗って水気をきり、上の部分を少し切り、皮ごと縦8等分のくし形に切る。

2　真ん中にある白い部分を取り除き、2㎜幅に切る。上の部分もヘタを除いて同様に切る（400ｇ目安）。

3　鍋に**2**を入れ、グラニュー糖と水を加えて全体に混ぜ、中火にかける。

4　ときどき混ぜながら、ふたをして5分ほど煮る。

5　沸騰して実がふっくらとするまで、ふたをして煮る。皮の内側部分に透明感が出てきたら火を止める。

6　ボウルに移し、上面にラップをぴったりと張り、冷めたら冷蔵庫でひと晩おく。

2日目
7　**6**を鍋に戻し入れ、グラニュー糖、レモン果汁を加え、中火にかける。

8　グルグル混ぜず、焦げないようにやさしく混ぜながら煮る。アクが出たら取る。

9　全体にとろみがつき、ツヤがあってふっくらした感じになったらでき上がり。

10　熱いうちに瓶に詰め、フォークなどで空気を抜き、ふたをする。

11　逆さまにして完全に冷めるまでおく。

文旦のジャム

作る時期 ▶ 1〜3月

材料 90㎖容量の瓶6本分

1日目

文旦 2個（実250ｇ、皮100ｇ）
オレンジ果汁 150㎖
グラニュー糖 200ｇ

2日目

グラニュー糖 160ｇ
ペクチン 2ｇ
レモン果汁 大さじ1
キルシュ酒 大さじ1

文旦は皮の量に対して実の部分が少ないので、その分、オレンジ果汁で補います。
オレンジ果汁の代わりに好みの柑橘の果汁を使ってもOK。
文旦の皮の白い部分が程よく苦味や香りとなって、おいしいジャムになります。

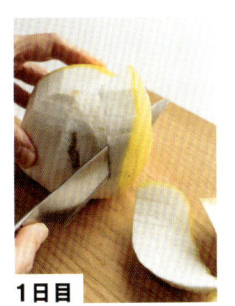

1日目

1 文旦は洗って水気をきり、上の部分を少し切り、実に白い部分が残らないように皮をむく。

2 実は房から取り出し、実についている房の白い部分や種を取り除く（250ｇ目安）。

3 皮は内側についている白い部分を5㎜厚さほど残すようにして取り除く（100ｇ目安）。

4 3の皮とたっぷりの水を鍋に入れて火にかけ、沸騰して15分したら湯を捨てる。これをあと2回繰り返す。

5 竹串を刺して、やわらかくなっていることを確かめ、水気をきる。水分を吸って200ｇくらいになる。

6 縦1㎝幅に切ってから細切りにする。皮、実、オレンジ果汁で合計600ｇにする。

7 鍋に2の実、6の皮、オレンジ果汁、グラニュー糖を入れ、中火にかける。ときどき混ぜながら、ふたをして5分ほど煮る。

8 鍋の中心が沸騰して実がふっくらとしたら火を止める。ふたをして30分蒸らす。

9 ボウルに移し、上面にラップをぴったりと張り、冷めたら冷蔵庫でひと晩おく。

2日目

10 グラニュー糖にペクチンを加えて混ぜる。

11 9を鍋に戻し入れ、10を加え、レモン果汁を入れて中火にかける。

12 沸騰したらアクを取り、ツヤが出てふっくらとしたら火を止める。

13 キルシュ酒を加える。熱いうちに瓶に詰めてふたをし、逆さまにして完全に冷めるまでおく。

ここでは果皮の色が紅色の紅甘夏を使用。
水分（果汁）が多いので、水を使わずに作ります。
サラサラした感じのジャムになりやすいので、
少しペクチンを入れてジャムらしいとろみを出します。
甘夏、はっさくなども同じ作り方。

紅甘夏のジャム 〉 作る時期 ▶ 3〜5月

材料 90㎖容量の瓶5本分
1日目
　紅甘夏　2個（実220ｇ、皮100ｇ）
　グラニュー糖　140ｇ
2日目
　グラニュー糖　100ｇ
　ペクチン　2ｇ
　レモン果汁　大さじ1

1日目

1 紅甘夏は水気をきり、上の部分を少し切り、皮をむく。実は房から取り出す（220g目安）。

2 皮は内側についている白い部分を取り除く（100g目安）。

3 2の皮とたっぷりの水を鍋に入れて火にかけ、沸騰して10分したら湯を捨てる。これをあと2回繰り返す。

4 竹串を刺してやわらかくなっていることを確かめ、水気をきる。水分を吸って180gくらいになる。

5 縦1cm幅に切ってから細切りにする。皮、実で合計400gにする。

6 鍋に1の実、5の皮を入れる。

7 グラニュー糖を入れて中火にかけ、ときどき混ぜながら、ふたをして5分ほど煮る。

8 鍋の中心が沸騰して実がふっくらとして果汁が出たら、火を止める。ふたをして30分蒸らす。

9 ボウルに移し、上面にラップをぴったりと張り、冷めたら冷蔵庫でひと晩おく。

2日目

10 グラニュー糖にペクチンを加えて混ぜる。

11 9を鍋に戻し入れ、10を加え、レモン果汁を入れて中火にかける。

12 沸騰したらアクを取り、焦がさないように混ぜながら煮る。全体にとろみがついてきたらでき上がり。

13 熱いうちに瓶に詰めてふたをし、逆さまにして完全に冷めるまでおく。

デコポンだけだとジャムらしいとろみがあまり出ませんが、
ドライあんずを加えると、あんずが果汁を吸って
パンの上にものせやすいかたさになります。
ドライあんずの食感と甘酸っぱさがアクセントにもなります。

デコポンと
ドライあんずのジャム > 作る時期 ► 12〜4月

材料　90㎖容量の瓶5本分
1日目
　デコポン　3個（果汁240g、皮90g）
　グラニュー糖　140g
2日目
　グラニュー糖　100g
　ペクチン　4g
　レモン果汁　大さじ1
　ドライあんず　80g

1日目

1 デコポンは洗って水気をきり、横半分に切って果汁を絞る。

2 皮を縦6等分に切り、皮の内側に残っている房と白い部分を取り除く。

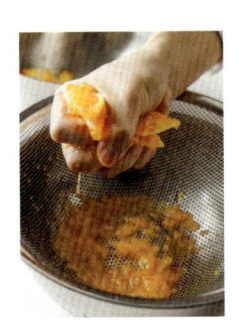

3 ボウルにザルを重ね、**2**の取り除いた部分を手でギュッと絞り、果汁とザルに残った実も取っておく。

4 **2**の皮とたっぷりの水を鍋に入れて火にかけ、沸騰して10分したら湯を捨てる。これをあと1回繰り返す。

5 水気をきり、縦1cm幅に切ってから細切りにする（160g目安）。水を吸って160gくらいになる。

6 鍋に**1**の果汁と**3**（合わせて240g目安）を入れ、**5**の皮を加える。

7 グラニュー糖を加えて中火にかけ、混ぜながら煮る。

8 鍋の中心が沸騰して皮がふっくらしたら火を止める。ふたをして30分蒸らす。

9 ボウルに移し、上面にラップをぴったりと張り、冷めたら冷蔵庫でひと晩おく。

2日目

10 ドライあんずをボウルに入れて熱湯をかけて軽く混ぜ、ザルにあける。冷めたら5mm角に切っておく。

11 **9**を鍋に戻し入れ、グラニュー糖とペクチンをよく混ぜて加える。

12 レモン果汁を加えて中火にかけ、アクを取りながら煮る。とろみがついてきたら、**10**のドライあんずを加える。

13 さっと沸騰させて火を止める。熱いうちに瓶に詰めてふたをし、逆さまにして完全に冷めるまでおく。

ピンク色とオレンジ色が混ざったような、
色鮮やかなでき上がりにうれしくなるジャムです。国産が出回る時期に作ります。
白いグレープフルーツも同じ作り方。

山型パンのトースト＋サン・ネクテールチーズ＋ピンクグレープフルーツのジャム

ピンクグレープフルーツのジャム　＞作る時期　▶ 4〜5月

材料　90㎖容量の瓶5本分
1日目
　ピンクグレープフルーツ　2個
　　（実と果汁350g、皮120g）
　グラニュー糖　140g
2日目
　グラニュー糖　140g
　レモン果汁　大さじ1

1日目

1 グレープフルーツは洗って水気をきり、薄めに皮をむく。

2 皮の内側についている白い部分を半分ほど取り除く（120g目安）。

3 実についている白い部分をむく。

4 1房ずつ薄皮と実の間に包丁を入れて実だけ取り出し、ボウルに入れる。果汁が落ちるのでボウルの上で行う。

5 残った薄皮の部分を手でギュッと絞り、果汁を**4**のボウルに入れる（350g目安）。

6 **2**の皮とたっぷりの水を鍋に入れて火にかけ、沸騰して15分したら湯を捨てる。これをあと2回繰り返す。

7 竹串を刺して、やわらかくなっていることを確かめ、水気をきる。水分を吸って130gくらいになる。

8 縦1.5〜2cm幅に切ってから細切りにする。皮、実と果汁で合計480gにする。

9 鍋に**5**の実と果汁、**8**の皮、グラニュー糖を入れ、中火で混ぜながら煮る。

10 鍋の中心が沸騰して実がふっくらとしたら火を止める。ふたをして30分蒸らす。

11 ボウルに移し、上面にラップをぴったりと張り、冷めたら冷蔵庫でひと晩おく。

2日目

12 **11**を鍋に戻し入れ、グラニュー糖、レモン果汁を入れて中火にかけ、アクを取りながら煮る。

13 とろみがついたらでき上がり。熱いうちに瓶に詰めてふたをし、逆さまにして完全に冷めるまでおく。

メイヤーレモンのジャム > 作る時期 ▶ 10〜3月

材料 90㎖容量の瓶4本分
1日目

メイヤーレモン　2個（正味250ｇ）

グラニュー糖　80ｇ

水　150㎖

氷砂糖　70ｇ

レモンをジャムにするときは、メイヤーレモンを使います。
メイヤーレモンは酸味が穏やかで、煮ても苦味が出ません。ほかの国産レモンは、
苦味やえぐみが強く出てしまいます。
甘みには氷砂糖も使い、すっきりと洗練された甘さに仕上げます。

1日目

1 メイヤーレモンは洗って水気をきり、上の部分を少し切り、縦4等分に切る。

2 真ん中にある白い部分や種を取り除く。種が苦味の元になるので、なるべく取り除く。

3 2mm幅に切る。端の実がない部分も2mm幅に切る（250g目安）。出てきた果汁も取っておく。

4 3を鍋に入れ、グラニュー糖と水を加え、中火にかける。

5 沸騰してきたら少し火を弱め、ふたをして5分ほど蒸らしながら煮る。

6 ふたを取り、沸騰させながら、レモンの皮の内側が透明になるまで煮る。

7 氷砂糖を加えてさっと沸騰したら火を止める。

8 ボウルに移す。氷砂糖は完全に溶けていなくてよい。

9 上面にラップをぴったりと張り、冷めたら冷蔵庫でひと晩おく。

2日目

10 9を鍋に戻し入れ、ときどき混ぜながら中火で3分ほど煮る。

11 熱いうちに瓶に詰め、フォークなどで空気を抜き、ふたをする。

12 逆さまにして完全に冷めるまでおく。

姫レモンのジャム 作る時期 ▶ 12〜1月

材料 90㎖容量の瓶4本分

1日目

姫レモン　6個（約300ｇ）

水　250㎖

グラニュー糖　125ｇ

氷砂糖　50ｇ

メイヤーレモンのほか、姫レモンでジャムを作るのもおすすめ。
姫レモンは、みかんとレモンの中間の小さくてかわいらしいサイズ。
一般的なレモンほど酸味は強くなく、甘味があり、
ジャム作りが毎年の楽しみになっている大好きなレモンです。

1日目

1 姫レモンは洗って水気をきり、上の部分を少し切り、縦8等分に切る。

2 真ん中にある白い部分や種を取り除く。

3 2mm幅に切る。1で切った上の部分も刻む。

4 上の部分はヘタを除いて小さく切る（**3**と合わせて250g目安）。

5 鍋に水とグラニュー糖を入れて中火にかけ、グラニュー糖をざっと溶かす。

6 **4**を加えて混ぜる。

7 オーブンシートで落としぶたをし、沸騰したら、弱火にして10分ほど煮る。

8 皮の内側の白い部分が透明になったら、氷砂糖を加えてさっと沸騰させ、火を止める。

9 ボウルに移す。氷砂糖は完全に溶けていなくてよい。

10 上面にラップをぴったりと張り、冷めたら冷蔵庫でひと晩おく。

2日目

11 **10**を鍋に戻し入れ、アクを取りながら中火で3分ほど煮る。

12 とろみがついたらでき上がり。

13 熱いうちに瓶に詰め、フォークなどで空気を抜き、ふたをする。逆さまにして完全に冷めるまでおく。

レモンカードのスコーンサンド

レモン約2個で作れる手軽なレシピ。
バターを少し減らして、後味がよりよくなるように改良しました。
卵が入っているので、瓶を開けていなくても要冷蔵保存。
開封後は2〜3日で食べきります。

レモンカード 作る時期 ▶ 10〜5月

材料 90㎖容量の瓶4本分
卵　2個（正味100ｇ）
グラニュー糖　120ｇ
レモン果汁　100㎖（約2個分）
レモンの皮のすりおろし　½個分
バター（食塩不使用）　120ｇ
＊バターは1㎝角に切り、
　使うまで冷蔵庫で冷やしておく。

1　ボウルに卵を入れて泡立て器でよく混ぜ、グラニュー糖を加えて混ぜる。

2　レモン果汁を加えてよく混ぜる。

3　レモンの皮のすりおろしを加え、混ぜ合わせる。

4　**3**を鍋に移して中火にかけ、ゴムベラで絶えず混ぜながら、とろみがついてふわっとするまで煮る。

5　20秒ほど沸騰させて火を止め、万能漉し器とゴムベラで漉す。

6　漉し器の下側についたクリームもていねいにぬぐい取る。

7　バターを加え、ハンドブレンダーで撹拌する。

8　なめらかになって乳化した状態になったら、でき上がり。

9　熱いうちに瓶に詰め、ふたをする。

10　逆さまにして完全に冷めるまでおく。

いちごを丸ごと使うため、いちごの水分が出てくるまで時間がかかります。
焦がさないようにこまめに混ぜ、ふたをして水分が早く出てくるようにするのがポイント。
もしくは、砂糖を入れて1時間ほどおいて水分を少し出してから煮はじめてもよいでしょう。
ペクチンを加えて実に果汁がからまるような仕上がりを目指します。

粒ごといちごのジャム ＞ 作る時期 ▶ 3～4月

材料 90㎖容量の瓶6本分
1日目
　いちご（小粒。中まで赤いもの）　620g
　グラニュー糖　100g
2日目
　グラニュー糖　170～200g
　ペクチン　2g
　レモン果汁　20㎖

1日目

1 いちごは洗ってペーパータオルでやさしく拭く。

2 ヘタを取る（600g目安）。

3 鍋にいちごを入れ、グラニュー糖を加える。

4 弱火にかけ、早く汁気が出るようにふたをする。

5 はじめは焦げやすいのでこまめに混ぜ、いちごの水分が鍋底に1cmほど溜まったらふたを取る。

6 中火にし、実がやわらかくなるまで煮る。アクは取らなくてよい。

7 ゴムベラの上に一粒のせてスプーンで押してみて、粒の中心までやわらかくなっていたら火を止める。

8 ボウルに移し、上面にラップをぴったりと張り、冷めたら冷蔵庫でひと晩おく。

2日目

9 8を鍋に戻し入れる。

10 グラニュー糖100gとペクチンを泡立て器で混ぜ合わせて9に加え、レモン果汁を入れる。

11 中火にかけ、絶えず沸騰させ、アクを取りながら3分ほど煮る。残りのグラニュー糖を加える。

12 再度沸騰して鍋底が一瞬見えるくらいになり、実がふっくらとしたらでき上がり。

13 熱いうちに瓶に詰め、ふたをする。逆さまにして完全に冷めるまでおく。

いちごをカットしてから煮るタイプのジャム。
いちごの断面から果汁が出やすいので、
本書の3種のいちごジャムの中で1番作りやすい方法です。
初めてジャムに挑戦する方はこの方法からスタートしてみてください。
やわらかいいちごを使うと、
煮くずれてそれが自然ととろみになります。

バニラアイスクリーム＋抹茶アイスクリーム＋いちごのキルシュ入りジャム

いちごのキルシュ入りジャム ＞

作り方は36ページ

いちごをペーストにしたタイプのジャム。いちごの形が不揃いな場合によい方法。

半分だけペーストにしてもよいし、好みで判断します。

ペーストにするタイミングは最初でもなく最後でもなく、

途中ですると仕上がりも色もきれい。

ペーストにすることで少し糖度が下がるので、砂糖を増やします。

全粒粉入りパン・ド・カンパーニュのトースト＋クリームチーズ＋いちごとミントのジャム

いちごとミントのジャム >

作り方は37ページ

いちごのキルシュ入りジャム 作る時期 ▶ 3〜4月

材料 90㎖容量の瓶約6本分

1日目
いちご（大きめ。中まで赤いもの） 620g
グラニュー糖 100g

2日目
グラニュー糖 170〜200g
レモン果汁 20㎖
キルシュ酒 大さじ1

1日目
1 いちごは洗ってペーパータオルでやさしく拭き、ヘタを取る（600g目安）。

2 縦半分に切る。

3 鍋にいちごを入れ、グラニュー糖を加え、弱火にかけてふたをする。

4 はじめは焦げやすいのでこまめに混ぜ、いちごの水分が鍋底に1㎝ほど溜まったらふたを取る。

5 中火にし、実がやわらかくなるまで煮る。アクは取らなくてよい。

6 ゴムベラの上にのせてみて、粒の中心までやわらかくなっていたら火を止める。

7 ボウルに移す。

8 上面にラップをぴったりと張り、冷めたら冷蔵庫でひと晩おく。

2日目
9 8を鍋に戻し入れ、グラニュー糖100gとレモン果汁を加える。

10 中火にかけ、絶えず沸騰させ、アクを取りながら3分ほど煮る。

11 残りのグラニュー糖を加える。

12 再度沸騰し、鍋底が一瞬見えるくらいになり、実がふっくらとするまで煮る。

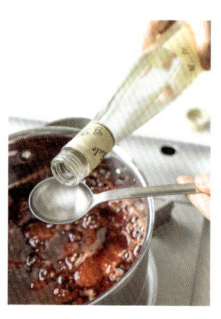

13 キルシュ酒を加えて火を止める。熱いうちに瓶に詰め、ふたをする。逆さまにして完全に冷めるまでおく。

いちごとミントのジャム 　作る時期 ▶ 3〜4月

材料　90mℓ容量の瓶約5本分

1日目
　いちご（中が白いもの）　620g
　グラニュー糖　100g

2日目
　グラニュー糖　210g
　レモン果汁　20mℓ
　スペアミントの葉　10枚

1日目

1　いちごは洗ってペーパータオルでやさしく拭き、ヘタを取る（600g目安）。

2　縦半分に切る。大きいものはさらに半分に切る。

3　鍋にいちごを入れ、グラニュー糖を加える。

4　弱火にかけてふたをし、はじめはこまめに混ぜ、いちごの水分が鍋底に1cmほど溜まったらふたを取る。

5　中火にし、実がやわらかくなるまで煮る。アクは取らなくてよい。

6　ゴムベラの上にのせてみて、粒の中心までやわらかくなっていたら火を止める。

7　ボウルに移す。

8　上面にラップをぴったりと張り、冷めたら冷蔵庫でひと晩おく。

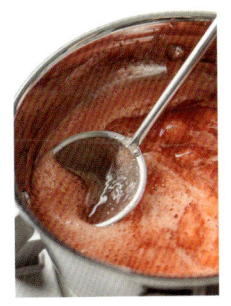

2日目

9　8を鍋に戻し入れ、グラニュー糖100gとレモン果汁を加えて中火にかけ、2分ほど沸騰させる。

10　ハンドブレンダーで好みのペースト状にする。

11　絶えずゴムベラで混ぜ、沸騰させながらていねいにアクを取る。3分ほどしたら残りのグラニュー糖を加える。

12　再度沸騰し、とろみがついたら火を止める。ミントの葉を細切りにして加え、さっと沸騰させる。

13　熱いうちに瓶に詰め、ふたをする。逆さまにして完全に冷めるまでおく。

本当においしいブルーベリージャムを食べてみたい人は、
手作りをすることが1番です。
その違いがはっきりとわかり、虜になるかもしれません。
煮詰めすぎないように注意しましょう。

イギリスパンのトースト＋バター＋ブルーベリーのジャム

ブルーベリーのジャム 作る時期 ▶ 7〜8月

※フリーザーバッグに入れて冷凍しておくと、 いつでも好きなときにジャムが作れます。

材料 90㎖容量の瓶5本分
1日目
　ブルーベリー　500g
　グラニュー糖　100g
2日目
　グラニュー糖　150g
　レモン果汁　大さじ1

1日目

1　ブルーベリーは茎がついていないかよく見て、ついていたら取り除く。鍋に入れ、グラニュー糖を加える。

2　弱火にかけてふたをし、汁気が出てくるまでゴムベラでときどき混ぜる。

3　汁が十分に出たらふたを取り、実がやわらかくなってふっくらするまで中火で沸騰させる。

4　ゴムベラの上にのせてスプーンで押してみて、粒の中心までやわらかくなっていたら火を止める。

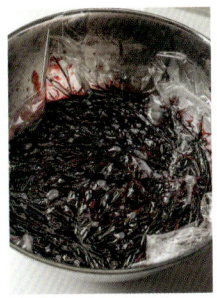

5　ボウルに移し、上面にラップをぴったりと張り、冷めたら冷蔵庫でひと晩おく。

2日目

6　5を鍋に戻し入れ、グラニュー糖100g、レモン果汁を加える。

7　焦がさないように混ぜながら2分ほど煮、沸騰したらアクを取る。

8　残りのグラニューを加え、再び沸騰させながら少し煮詰める。

9　でき上がりは少しさらさらなくらいで、ツヤもある状態がよい。

10　熱いうちに瓶に詰め、ふたをする。

11　逆さまにして完全に冷めるまでおく。

青梅のジャム >

作り方は42ページ

梅は、熟し加減のタイミングでいろいろな味わいのジャムが作れる、とてもおもしろい素材。
砂糖をしっかり加えて作るので、日持ちするのも魅力です。
グラニュー糖の分量は、梅の正味とエキスの合計重量の80%。
梅をゆでるときは、ゆで過ぎると実が壊れて湯の中に流れてしまうので注意。

黄梅のジャム

作り方は43ページ

豆かん＋黄梅のジャム

梅をゆでるときはゆで過ぎに注意。黄梅は青梅より短い時間でやわらかくなり、
梅の熟度によっては弾けるタイミングが早いので、注意しながらゆでましょう。
グラニュー糖の分量は、青梅のジャムと同様、梅の正味とエキスの合計重量の80％。

青梅のジャム > 作る時期 ▶ 6月上旬

材料　90㎖容量の瓶8本分
1日目　青梅　700g
2日目　青梅のエキス　100g
　　　　グラニュー糖　480g

1日目

1　青梅はたっぷりとの水とともにボウルに入れ、ひと晩おく。

2日目

2　**1**の青梅の水気をきり、ヘタを竹串で取り除く。

3　浅めの鍋やフライパンに**2**とかぶるくらいの水を入れて中火にかけ、ふたをしてゆでる。

4　沸騰直前に実をさわってみて、やわらかくなっていたら火を止める。

5　ザルに上げて素早く水気をきり、ボウルの上で冷ます。梅のエキスがボウルに溜まるので取っておく。

6　ビニール手袋をつけて実を握りつぶすようにして実と種に分ける。

7　それぞれボウルに入れ、重さを計る（合わせて500g目安）。

8　梅エキスを作る。鍋に種を入れ、種の重さの5倍の水を加え、ふたをして弱火にかける。

9　沸騰しはじめたらふたをずらしてのせ、1時間ほど煮る。火を止め、そのままおいて冷まし、ザルで漉す。

10　別の鍋に**7**の実、グラニュー糖240gを入れる。

11　**9**の梅エキス、**5**のボウルに溜まったエキス（合わせて100g）を加える。

12　中火で混ぜながら沸騰させ、5分ほど煮詰めたら、残りのグラニュー糖を加える。

13　焦がさないように混ぜながら5分煮る。熱いうちに瓶に詰め、ふたをし、逆さまにして完全に冷めるまでおく。

黄梅のジャム > 作る時期 ▶ 6月上旬

材料 90㎖容量の瓶8本分
黄梅(梅の熟したもの) 700g
黄梅のエキス 100g
グラニュー糖 480g

1 黄梅は洗い、ヘタを竹串で取り除く。

2 浅めの鍋やフライパンに**1**とかぶるくらいの水を入れる。

3 中火にかけ、ふたをしてゆでる。

4 沸騰直前に実をさわってみて、やわらかくなっていたら火を止める。

5 ザルに上げて素早く水気をきり、ボウルの上で冷ます。梅のエキスがボウルに溜まるので取っておく。

6 ビニール手袋をつけて実を握りつぶすようにして実と種に分ける(合わせて500g目安)。

7 梅エキスを作る。鍋に**6**の種を入れ、種の重さの5倍の水を加え、ふたをして弱火にかける。

8 沸騰しはじめたらふたをずらしてのせ、1時間ほど煮る。火を止め、ふたをしてそのままおいて冷ます。

9 別の鍋に**6**の実、グラニュー糖240gを入れ、**8**の梅エキス、**5**のエキス(合わせて100g)を加える。

10 中火で混ぜながら沸騰させ、5分ほど煮詰めてふわっとしてきたら、残りのグラニュー糖を加える。

11 焦がさないように混ぜ、アクを取りながら5分煮る。

12 熱いうちに瓶に詰め、ふたをし、逆さまにして完全に冷めるまでおく。

梅ジャムアレンジ

青梅とオレンジジュースのジャム 〉 作る時期 ▶ 6月上旬〜

梅ジャムはついつい煮詰めすぎてかたくなりがち。オレンジジュースを加えると
やわらかめの梅ジャムになります。オレンジの搾り汁でもOK。

材料 90㎖容量の瓶5本分
青梅のジャム　400g（90㎖容量の瓶約4本分）
オレンジジュース（果汁100%）　100㎖

1　鍋に青梅のジャムを入れて中火にかけ、沸騰してきたらオレンジジュースを加える。

2　混ぜながら沸騰させる。

3　アクを取りながら1分ほど煮る。

4　熱いうちに瓶に詰め、ふたをし、逆さまにして完全に冷めるまでおく。

黄梅といちごのミックスジャム 〉 作る時期 ▶ 6月上旬〜

いちごジャムを作る際に煮汁が余ったり、ゆるくできてしまったとき、
瓶に入れて保存しておき、梅の季節にミックスジャムにするとおいしい。

材料 90㎖容量の瓶6本分
黄梅のジャム　400g（90㎖容量の瓶約4本分）
いちごのプレーンジャム　200g（90㎖容量の瓶約2本分）

1　鍋に黄梅のジャムを入れて中火かけ、沸騰してきたらいちごのプレーンジャムを加える。

2　全体に混ぜ、アクを取りながら1分ほど煮る。

3　熱いうちに瓶に詰め、ふたをする。

4　逆さまにして完全に冷めるまでおく。

イギリスパン＋プラムのプレーンジャム

プラムやプルーンのジャムを作る際には皮はむきません。
果実は煮ている間にくずれてしまうので、皮の部分が食感として残ります。
ペクチンを入れるかどうかは、1日目の下煮が冷えたあとに状態をチェック。
とろみが足りなければ2日目に入れます。

プラムのプレーンジャム > 作る時期 ▶ 6〜8月

材料 90㎖容量の瓶6本分

1日目
プラム（ソルダム） 700g
グラニュー糖 150g

2日目
グラニュー糖 150g
ペクチン 4g
レモン果汁 大さじ1

1日目

1 プラムは縦4等分に切り込みを入れる。

2 手でさいて種を取る。果汁が落ちるので、ボウルの上で行う（果汁も含めて600g目安）。

3 鍋にプラムを入れ、グラニュー糖を加え、中火で沸騰させ、混ぜながら煮る。

4 実がくずれ、とろりとしてきたら火を止める。

5 ボウルに移す。

6 上面にラップをぴったりと張り、冷めたら冷蔵庫でひと晩おく。

2日目

7 6を鍋に戻し入れ、グラニュー糖とペクチンを泡立て器で混ぜ合わせて加え、レモン果汁を入れる。

8 中火にかけ、絶えず沸騰させ、焦がさないように、アクをていねいに取りながら煮る。

9 全体にツヤが出て、とろりとしてきたら火を止める。

10 熱いうちに瓶に詰め、ふたをする。

11 逆さまにして完全に冷めるまでおく。

プラムは全般的にジュースのようなサラサラのジャムになりやすいので、
仕上げにローストしたナッツ類を入れると
果汁を吸ってくれ、パンの上にのせやすいかたさになります。
ここでは大石早生で作ります。

プラムとクルミのジャム ＞ 作る時期 ▶ 6〜7月

材料 90㎖容量の瓶8本分
1日目
　プラム（大石早生）　800ｇ
　グラニュー糖　200ｇ
2日目
　クルミ　50ｇ
　グラニュー糖　150ｇ
　ペクチン　4ｇ
　レモン果汁　大さじ1

1日目
1　プラムは縦4等分に切り込みを入れ、種を取る。果汁が落ちるのでボウルの上で行う（果汁も含めて700ｇ目安）。

2　1を鍋に入れ、グラニュー糖を加える。

3　中火で沸騰させ、実がくずれて火が入った感じになったら火を止める。

4　ボウルに移す。

5　上面にラップをぴったりと張り、冷めたら冷蔵庫でひと晩おく。

2日目
6　クルミは160℃のオーブンで10分ほど焼いて冷まし、5㎜角くらいに刻む。

7　5を鍋に戻し入れ、グラニュー糖とペクチンを泡立て器で混ぜ合わせて加え、レモン果汁を入れる。

8　中火にかけ、絶えず沸騰させ、焦がさないように、アクをていねいに取りながら煮る。

9　全体にツヤが出て、とろりとしてきたらいったん火を止める。クルミを入れて再びひと煮立ちさせる。

10　熱いうちに瓶に詰め、ふたをする。

11　逆さまにして完全に冷めるまでおく。

桃とローズマリーのジャム ＞ 作る時期 ▶ 7〜8月

材料 90㎖容量の瓶6本分
1日目
　白桃　4個（正味500ｇ）
　グラニュー糖　130g
　レモン果汁　大さじ1
2日目
　グラニュー糖　120g
　ペクチン　3g
　白ワイン　50㎖
　ローズマリー（やわらかい部分）　適量

プレーンヨーグルト＋桃とローズマリーのジャム。

桃の色味を生かすために、湯むきしたあと氷水につけて色止めするのがポイント。
また、ほかのフルーツは1日目に煮る際にアクを取らなくても
フルーツの色に影響はありませんが、白桃はアクを取った方がより美しいジャムになります。
白ワインの代わりに赤ワインを使っても。
でき上がったジャムは未開封でも冷蔵保存が望ましい。

1日目

1 桃は皮の部分に少し切り目を入れ、熱湯に入れてさっとゆでる。

2 穴あきレードルなどで1個ずつ取り出し、すぐに氷水に入れる。

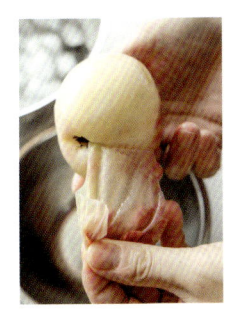

3 切り目を入れたところから皮をむく。

4 再びすぐに氷水につけて色が変わらないようにする。

5 ナイフでまずは横に1周切り目を入れる。

6 次に縦5mm幅に切り目を入れ、種から実をはずす。果汁ごとボウルに入れる（果汁も含めて500g目安）。

7 6を鍋に移してグラニュー糖を加え、中火にかけて沸騰させ、アクを取り、ふっくらとしたら火を止める。

8 ボウルに移し、レモン果汁を静かに加え、スプーンの背で表面になじませる。

9 上面にラップをぴったりと張り、冷めたら冷蔵庫でひと晩おく。

2日目

10 9を鍋に戻し入れ、グラニュー糖とペクチンを泡立て器で混ぜ合わせて加える。

11 焦がさないようにアクを取りながら中火で5分ほど煮、ツヤが出たら白ワインを加え、さらに5分ほど煮る。

12 瓶にローズマリーを入れる。

13 11が熱いうちに瓶に詰め、ふたをする。逆さまにして完全に冷めるまでおく。

とろりと煮つめた桃ジャムは
それだけでもおいしいですが、ここでは柑橘ピールを加えてアクセントをつけます。
でき上がったジャムは未開封でも冷蔵保存が望ましい。

ベーグルのトースト＋桃の柑橘ピール入りジャム

桃の柑橘ピール入りジャム ＞ 作る時期 ▶ 7〜8月

材料 90㎖容量の瓶5本分
1日目
　桃　小6個（正味500g）
　グラニュー糖　120g
　レモン果汁　大さじ1
2日目
　グラニュー糖　120g
　ペクチン　3g
　自家製柑橘ピール（p.90はるかのピール使用）　50g

1日目

1 桃は皮の部分に少し切り目を入れ、熱湯に入れてさっとゆで、穴あきレードルなどですぐに氷水に入れる。

2 切り目を入れたところから皮をむく。

3 再びすぐに氷水につけて色が変わらないようにする。

4 ナイフでまずは横に1周切り目を入れる。

5 次に縦5mm幅に切り目を入れて実をはずし、果汁ごとボウルに入れる（果汁も含めて500g目安）。

6 5を鍋に移してグラニュー糖を加え、中火にかけて沸騰させ、アクを取り、ふっくらとしたら火を止める。

7 ボウルに移し、レモン果汁を静かに加え、スプーンの背で表面になじませる。

8 上面にラップをぴったりと張り、冷めたら冷蔵庫でひと晩おく。

2日目

9 柑橘ピールは5mm角に刻む。

10 8を鍋に戻し入れ、グラニュー糖とペクチンを泡立て器で混ぜ合わせて加える。

11 焦がさないようにアクを取りながら、全体にとろみが出て桃がふっくらしてツヤが出るまで煮る。

12 9のピールを加えてさっと沸騰させ、火を止める。

13 熱いうちに瓶に詰め、ふたをする。逆さまにして完全に冷めるまでおく。

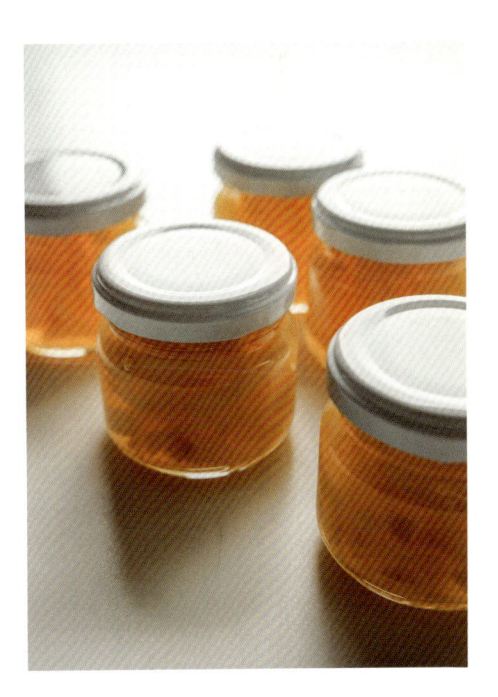

黒パン＋クリームチーズ＋ルバーブのジャム

ルバーブはパンナイフを使うと切りやすい。
煮ている間に形がくずれるので、大きめに切っても大丈夫です。
ここではルビー色のルバーブを使いましたが、
緑のルバーブでも同様に作れます。

ルバーブのジャム > 作る時期 ▶ 5〜11月

材料　90㎖容量の瓶約7本分

1日目
　ルバーブ（茎の部分）　5本分（正味500ｇ）
　グラニュー糖　200ｇ

2日目
　グラニュー糖　150ｇ
　レモン果汁　大さじ1

1日目

1　ルバーブは洗って水気をきり、皮と筋をところどころ取り除く。取りすぎると正味が少なくなるので、だいたいでよい。

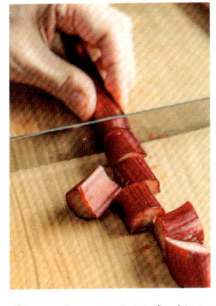

2　パンナイフなどで1.5〜2㎝幅に切る（500ｇ目安）。

3　鍋にルバーブを入れてグラニュー糖を加え、ゴムベラで混ぜて砂糖をまぶす。

4　15分ほどそのままおいて少し水分を出し、ざっと混ぜる。

5　4の鍋を中火にかけて沸騰させ、混ぜながら煮る。やわらかくなったら火を止める。

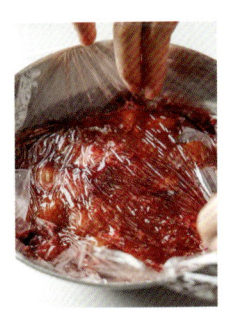

6　ボウルに移してラップをぴったりと張り、冷めたら冷蔵庫でひと晩おく。

2日目

7　6を鍋に戻し入れ、グラニュー糖、レモン果汁を加える。

8　中火にかけ、絶えず沸騰させ、焦がさないように、アクを取りながら煮る。

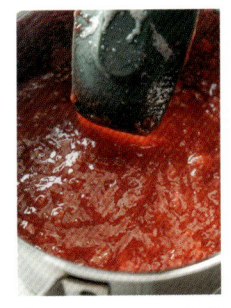

9　ねっとりとした感じになったらでき上がり。

10　熱いうちに瓶に詰め、ふたをする。逆さまにして完全に冷めるまでおく。

新しょうがの季節には新しょうが、
それ以外の季節には、ひねしょうがで作ります。
砂糖はきび砂糖を用い、さらにはちみつも加えて、
コクのある味に仕上げます。
炭酸水で割ってジンジャーエールにしたり、
調味料としてカレーや
しょうが焼きなどの料理に使っても。

バニラアイスクリーム＋しょうがとはちみつのジャム

しょうがとはちみつのジャム

作る時期 ▶ 9〜11月

材料 90㎖容量の瓶約5本分
しょうが 400g（正味330g）
グラニュー糖 240g
きび砂糖 60g
レモン果汁 大さじ1
はちみつ 大さじ1

1 しょうがはスプーンで皮を削り取る。

2 フードプロセッサーで攪拌しやすいように、厚切りにする（330g目安）。

3 2をフードプロセッサーに入れて攪拌し、細かいみじん切りにする。ペースト状にはしない。

4 鍋に移し、グラニュー糖、きび砂糖、レモン果汁を加える。

5 軽く混ぜて15分ほどおく。

6 水分が出たらOK。

7 6の鍋を中火にかけ、沸騰してきたら弱火にして10分ほど煮る。

8 汁気が少なくなってきたら火を止め、はちみつを加えて混ぜる。

9 熱いうちに瓶に詰める。汁気が少ないので、スプーンを差し入れて空気を抜いて詰めるようにする。

10 ふたをして、逆さまにして完全に冷めるまでおく。

軽くトーストしたブリオッシュ生地のパン＋和栗のプレーンジャム＋バター

和栗のプレーンジャム
材料 90㎖容量の瓶4本分
　和栗　500ｇ（正味約300ｇ）
　グラニュー糖　300ｇ
　水　200㎖

和栗のラム酒入りジャム
材料 90㎖容量の瓶5本分
　和栗　500ｇ（正味約300ｇ）
　グラニュー糖　300ｇ
　水　200㎖
　ラム酒　大さじ1

メレンゲ＋ホイップしたクリーム＋和栗のプレーンジャム

和栗のプレーンジャム 〉 作る時期 ▶ 9〜11月

栗ジャムは「クレパ」の
ジャムの中でも一番の人気。
栗はゆでて中身をくり抜きますが、
殻つきの重さから6割ほどの中身が
とれる計算で栗を用意します。
栗ジャムは余熱でかたまりやすいので、
ジャムができたら素早く瓶に詰め、
ふたをするようにしましょう。

1 栗はたっぷりの水（分量外）とともに鍋に入れ、ふたをして中火にかけ、沸騰したら弱火にし、30〜50分かけてゆでる。

2 ザルに上げて粗熱を取り、半分に切る。

3 スプーンなどでくり抜く（300g目安）。

4 鍋に**3**を入れ、グラニュー糖200g、水を加えて弱めの中火にかける。

5 渋皮などが入っていたら取り除き、沸騰した状態で3分ほど煮る。

6 混ぜたときに鍋底が一瞬だけ見えるくらいのとろみがついたら、残りのグラニュー糖を加える。

7 さらにとろみがついたら火を止める。すぐに瓶に詰めてふたをし、逆さまにして完全に冷めるまでおく。

和栗のラム酒入りジャム 〉 作る時期 ▶ 9〜11月

ラム酒を入れて仕上げると、すっきりとした
甘さになり、食べやすくなります。
また、プレーンジャムを煮詰つめすぎて
しまったときに最後にラム酒を加えると、
ちょうどいい仕上がりになります。

1 プレーンジャムの作り方**1〜7**を参照してジャムを作り、火を止めたらラム酒を加え、軽く沸騰させて火を止める。

2 すぐに瓶に詰めてふたをし、逆さまにして完全に冷めるまでおく。

キャラメルとバニラと洋なしの果汁が合わさるとこんなにもおいしく、
とても優雅な味わいになることに毎回驚きます。
洋なしの季節に必ず作る、大好きなジャムのひとつです。

洋なしキャラメルの
バニラ風味ジャム　〉作る時期 ▶ 10〜1月

材料　90㎖容量の瓶6本分

1日目

　洋なし　2個(正味500ｇ)

　グラニュー糖　160ｇ

　湯　80㎖

2日目

　グラニュー糖　120ｇ

　ペクチン　3ｇ

　レモン果汁　10㎖

　バニラビーンズ　¼本

1日目

1 洋なしは6〜8つ割りにし、芯とヘタを取って皮をむく。

2 縦3mm幅の薄切りにしてからマッチ棒状に切る（500g目安）。

3 鍋にグラニュー糖を入れて中火にかけて混ぜながら溶かし、濃いめのキャラメル色になったら火を止める。

4 湯を3回に分けて加え、キャラメルを溶かす。

5 すぐに**2**の洋なしを加えて混ぜる。

6 はじめは弱火にかけ、洋なしから水分が出てきたら中火にし、洋なしがふっくらとするまで煮る。

7 ボウルに移し、上面にラップをぴったりと張り、冷めたら冷蔵庫でひと晩おく。

2日目

8 **7**を鍋に戻し入れ、グラニュー糖とペクチンを泡立て器で混ぜ合わせて加え、レモン果汁を入れる。

9 中火にかけ、鍋の中央が沸騰したら、アクを取りながら3〜5分煮、とろりとしたら火を止める。

10 バニラビーンズをハサミで縦に切り、パレットナイフで種をしごき出して加える。

11 バニラのさやの部分は細く切り、瓶に入る長さに切って加える。再度軽く沸騰させて火を止める。

12 熱いうちに瓶に詰め、ふたをする。

13 逆さまにして完全に冷めるまでおく。

りんごのプレーンジャム＋軽く泡立てた生クリーム

りんごを煮ると水分が少なかったり、多かったり、りんごから出てくる水分に差があります。
炒めりんごにならないためには水分の見極めが大事。
とろりとしたりんごジャムを作るコツです。りんごは、ふじ、紅玉など好みのもので。
仕上げにレモンの皮のすりおろしを入れると、さわやかになります。

りんごのプレーンジャム 〉 作る時期 ▶ 8〜12月

材料 90㎖容量の瓶6本分

1日目
　りんご　2個（約600g。正味400g）
　グラニュー糖　150g
　水　150〜200㎖

2日目
　グラニュー糖　100g
　レモン果汁　大さじ1
　りんごジュース（または水）　約50㎖
　レモンの皮　½個分

1日目

1 りんごは4つ割りにして種と芯を取り除き、皮をむく。3mm厚さの薄切りにする。

2 マッチ棒状に切る（400g目安）。

3 鍋に**2**とグラニュー糖を入れ、水50㎖を加える。

4 ふたをし、中火にかけて沸騰させ、ときどき混ぜながら煮はじめる。どれくらい水分が出るか様子をみる。

5 水50㎖を加え、りんごがふっくらとするまでていねいに煮る。水分がなくなるようなら水50〜100㎖を追加する。

6 りんごが透明になってふっくらとしたら火を止める。

7 ボウルに移し、上面にラップをぴったりと張り、冷めたら冷蔵庫でひと晩おく。

2日目

8 **7**を鍋に戻し入れて中火にかけ、グラニュー糖、レモン果汁を入れ、りんごジュースを加える。

9 沸騰させ、アクを取り、ときどき混ぜながら3分ほど煮る。

10 仕上げにレモンの皮をすりおろして加え、さっと沸騰させて火を止める。

11 熱いうちに瓶に詰め、スプーンを差し入れて空気を抜く。ふたをして、逆さまにして完全に冷めるまでおく。

りんごとキャラメルのジャム 作る時期 ▶ 8〜12月

材料 90㎖容量の瓶4〜5本分

1日目
りんご 2個（約600ｇ、正味400ｇ）
グラニュー糖 100ｇ
湯 50㎖

2日目
グラニュー糖 100ｇ
レモン果汁 大さじ1
りんごジュース（または水） 約50㎖
シナモンパウダー 小さじ½
シナモンスティック 2本くらい

水きりヨーグルト＋りんごとキャラメルのジャム＋ハード系パンをカリッと焼いて。

キャラメルソースがりんごの味に深みを与え、
仕上げにシナモンパウダーやシナモンスティックを
加えるとおいしさが際立ちます。
プレーンジャムはりんごを細く切りましたが、こちらはいちょう切り。
切り方を変えると味わいも変わります。

1日目

1 りんごは8つ割りにして種と芯を取り除き、皮をむき、5mm厚さのいちょう切りにする（400g目安）。

2 鍋にグラニュー糖を入れて中火にかけて混ぜながら溶かし、濃いめのキャラメル色になったら火を止める。

3 湯を2回に分けて加え、キャラメルを溶かす。

4 **1**のりんごを加えてひと混ぜする。

5 鍋底のキャラメルが溶けているようであれば、ふたをして中火で煮る。水分がなくなるようなら水50〜100ml（分量外）を足す。

6 りんごがふっくらしたら火を止める。

7 ボウルに移し、上面にラップをぴったりと張り、冷めたら冷蔵庫でひと晩おく。

2日目

8 **7**を鍋に戻し入れ、グラニュー糖、レモン果汁、りんごジュースを加える。

9 中火にかけ、鍋の中央が沸騰してから、アクを取りながら3分ほど煮る。

10 仕上げにシナモンパウダーを加え、再度軽く沸騰させて火を止める。

11 熱いうちに瓶に詰める。シナモンスティックを割って一緒に入れる。

12 スプーンなどで空気を抜き、ふたをし、逆さまにして完全に冷めるまでおく。

シンプルなクラッカー＋きんかんのプレーンジャム

きんかんは種を取り除くのがひと手間ですが、縦4等分に切って行うと取りやすくなります。
水分を柑橘の果汁で補うと、艶やかにふっくら仕上がります。

きんかんのプレーンジャム 〉 作る時期 ▶ 1〜3月

材料 90㎖容量の瓶7本分
1日目
　きんかん　500g
　グラニュー糖　150g
　柑橘果汁（レモン以外）　約100㎖
2日目
　グラニュー糖　100g
　レモン果汁　大さじ1

1日目

1 きんかんはヘタを取って縦4つ割りにし、種を取り除く。

2 鍋にきんかんを入れ、グラニュー糖、柑橘果汁を加えて混ぜ、弱火にかける。

3 ふたをし、水分が出てくるまで5分ほど蒸し煮する。焦がさないように気をつける。

4 きんかんから水分が出てきたらふたを取り、ときどき混ぜながら10分ほど煮る。

5 きんかんがふっくらして全体にやわらかくなってきたら、火を止める。

6 ボウルに移し、上面にラップをぴったりと張り、冷めたら冷蔵庫でひと晩おく。

2日目

7 鍋に**6**を戻し入れ、グラニュー糖、レモン果汁を加える。

8 中火にかけて混ぜ、鍋の中央が沸騰してから5分ほど煮、きんかんがふっくらとしたら火を止める。

9 熱いうちに瓶に詰め、スプーンを差し入れて空気を抜く。ふたをして、逆さまにして完全に冷めるまでおく。

プレーンヨーグルト＋きんかんとパッションフルーツのジャム

パッションフルーツには夏実（6〜8月）と冬実（12〜3月）があり、
冬実が手に入ればきんかんの季節に作ります。
夏実で作る場合は、きんかんを下煮して夏まで冷凍しておき、夏実を待って作ります。
冷凍するときは、1日目の工程終了後にフリーザーバッグに入れて平らにして冷凍庫へ。
パッションフルーツの時期が来たら解凍し、ジャムを仕上げます。

きんかんとパッションフルーツのジャム 〉 作る時期 ▶ 1〜3月

材料　90mℓ容量の瓶5本分
1日目
きんかん　500g
グラニュー糖　150g
柑橘果汁（レモン果汁以外）
または水　約100mℓ
2日目
パッションフルーツ　1個
グラニュー糖　120g
レモン果汁　大さじ1

1日目

1　きんかんはヘタを取って縦4つ割りにし、種を取り除く。

2　鍋にきんかんを入れ、グラニュー糖、柑橘果汁を加えて混ぜ、弱火にかける。

3　ふたをし、水分が出てくるまで5分ほど蒸し煮し、ふたを取り、ときどき混ぜながら10分ほど煮る。

4　きんかんがふっくらして全体にやわらかくなってきたら、火を止める。

5　ボウルに移し、上面にラップをぴったりと張り、冷めたら冷蔵庫でひと晩おく。

2日目

6　パッションフルーツは半分に切り、中身をスプーンで取り出す。出てきた果汁も一緒にしておく。

7　鍋に**5**を戻し入れ、グラニュー糖、レモン果汁を加え、中火にかける。

8　鍋の中央が沸騰し、とろみがついてきんかんがふっくらとするまで煮る。

9　**6**のパッションフルーツを加え、全体が再び沸騰したらでき上がり。

10　熱いうちに瓶に詰め、ふたをする。

11　逆さまにして完全に冷めるまでおく。

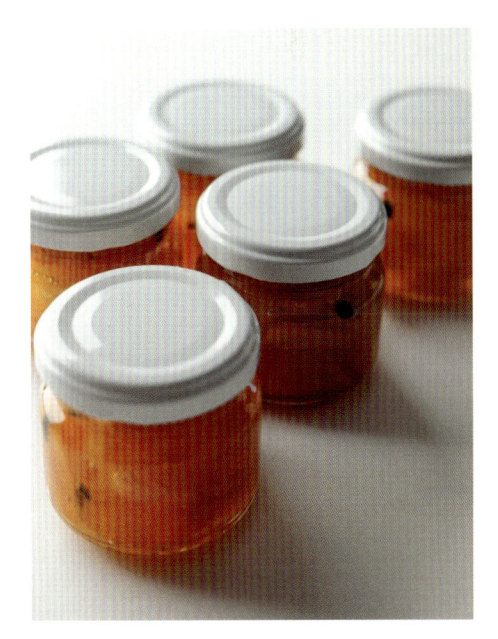

バナナのシナモン入りジャム ＞

作り方は72ページ

バナナとチョコレートのジャム ＞

作り方は73ページ

バナナと黒糖キャラメルのジャム ＞

作り方は73ページ

バナナとチョコレートのジャム

バナナのシナモン入りジャム

バナナと黒糖キャラメルのジャム

バナナジャム３種＋カリカリに焼いたバゲット

バナナのシナモン入りジャム ＞ 作る時期 ▶ 年中

煮上がりが早いバナナはさっと作れるのが魅力。
色が変わりやすいので、ひと晩おかずに1日で作ります。
バナナは発酵しやすいので、でき上がったジャムは未開封でも冷蔵保存が望ましい。

材料 90㎖容量の瓶4本分
バナナ（皮をむいたもの） 300g
グラニュー糖 120g
オレンジジュース
　またはみかんジュース 100㎖
レモン果汁 小さじ2
シナモンパウダー 小さじ½
ラム酒 小さじ1

1 バナナは筋を取って5mm厚さの輪切りにする。

2 鍋にバナナを入れ、グラニュー糖60g、オレンジジュースを入れる。

3 ふたをして中火にかけ、焦げないようにときどき混ぜながら煮る。

4 バナナがやわらかくなったら、レモン果汁を加える。

5 残りのグラニュー糖を加え、バナナがふっくらするまでさらに煮る。

6 仕上げに、シナモンパウダーを加える。

7 ラム酒を加え、軽く沸騰させて火を止める。

8 熱いうちに瓶に詰める。

9 パレットナイフなどで空気を抜き、ふたをする。逆さまにして完全に冷めるまでおく。

バナナとチョコレートのジャム > 作る時期 ▶ 年中

バナナはジャムになったあとも変色しやすいですが、
ビターチョコを加えると気になりません。
仕上げにキルシュ酒やラム酒を加えても。

材料 90㎖容量の瓶4本分
バナナ（皮をむいたもの） 300g
グラニュー糖 50g
オレンジジュース
　　またはみかんジュース 100㎖
レモン果汁 小さじ1
製菓用ビターチョコレート
　　（タブレット） 60g

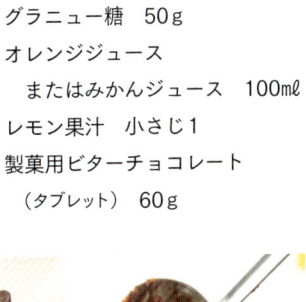

1 バナナは筋を取って5mm厚さの輪切りにして鍋に入れ、グラニュー糖30g、オレンジジュースを加える。

2 ふたをして中火にかけ、焦げないようにときどき混ぜながら煮る。

3 バナナがやわらかくなったら、レモン果汁、残りのグラニュー糖を加えて混ぜる。

4 沸騰したらチョコレートを加える。混ぜながらチョコレートを溶かし、再び沸騰したら火を止める。

5 熱いうちに瓶に詰め、パレットナイフなどで空気を抜き、ふたをする。逆さまにして完全に冷めるまでおく。

バナナと黒糖キャラメルのジャム > 作る時期 ▶ 年中

黒糖を加えると、いつものキャラメルとはまた違うおいしさ。
赤ワインも加え、個性的な味わいに仕上げます。
黒糖の代わりにカソナードを使っても。

材料 90㎖容量の瓶4本分
バナナ（皮をむいたもの） 300g
グラニュー糖 90g
水 20㎖
赤ワイン 100㎖
レモン果汁 小さじ2
黒糖（粉末タイプ） 50g

1 バナナは筋を取って5mm厚さの輪切りにする。

2 鍋にグラニュー糖と水を入れて中火にかけて溶かし、濃いめのキャラメル色になったら火を止める。

3 バナナと赤ワインを加えて再び火にかけ、バナナがふっくらするまでふたをして煮、レモン果汁を加える。

4 黒砂糖を加え、再び沸騰してから1分ほど煮て、ツヤが出たら火を止める。

5 熱いうちに瓶に詰め、パレットナイフなどで空気を抜き、ふたをする。逆さまにして完全に冷めるまでおく。

リコッタチーズ＋パイナップルとレモンバーベナのジャム

レモンバーベナはレモンの香りがするハーブで、パイナップルとの相性は二重丸。
このジャムを作ったら、1本未開封のまま半年以上冷蔵庫（もしくは冷暗所）で保管してみてください。
時間が経つとお酒のようなアロマが楽しめます。
パイナップルジャムに使う砂糖の量は果実の半量が基本ですが、
パイナップルがとても甘い場合は3回目の砂糖を100gから50gに減らします。

パイナップルとレモンバーベナのジャム 〉 作る時期 ▶ 6〜8月

材料　90mℓ容量の瓶6本分
1日目
　パイナップル　中1個（正味600g）
　グラニュー糖　100g
2日目
　グラニュー糖　100g
　レモン果汁　大さじ1
　きび砂糖　50g
　レモンバーベナ（ドライ）　12枚

1日目

1　パイナップルは葉の部分を取り、上部と下部をそれぞれ1cmほど切り落とし、皮をむき、かたい部分は取り除く。

2　茶色いプツプツに沿って左右にV字に切り込みを入れる。汁がたれてもいいようにボウルの上で行う。

3　縦4つ割りにして芯を切り落とし、4mm幅に薄切りにし、繊維に沿ってマッチ棒状に切る（600g目安）。

4　鍋に**3**とボウルに溜まった果汁を入れ、グラニュー糖を加える。

5　中火にかけて沸騰させ、絶えず混ぜながら煮る。パイナップルがしんなりとやわらかくなったら火を止める。

6　ボウルに移し、上面にラップをぴったりと張り、冷めたら冷蔵庫でひと晩おく。

2日目

7　**6**を鍋に戻し入れ、グラニュー糖、レモン果汁を加えて中火にかけ、焦がさないように混ぜながら煮る。

8　沸騰したらきび砂糖を加え、再び沸騰させ、アクを取りながら煮る。煮詰まってツヤが出てきたら火を止める。

9　瓶にレモンバーベナを2枚ずつ入れ、ジャムが熱いうちに詰めてふたをする。

10　パレットナイフで空気を抜いてふたをする。

11　逆さにして完全に冷めるまでおく。

トロピカルジャム 作る時期 ► 6〜8月

材料 90㎖容量の瓶6本分

パイナップル 正味400g

バナナ(皮をむいたもの) 70g

パッションフルーツ 1個(正味50g)

冷凍マンゴー 110g

レモン果汁 大さじ1

グラニュー糖 300g

バニラアイスクリーム＋トロピカルジャム

パイナップル、バナナ、マンゴー、パッションフルーツを使った、
南国の香りのあるジャム。マンゴーは冷凍品を使うと手軽に作れます。
変色しがちなバナナが入っているので、ひと晩おかずに1日で仕上げ、
でき上がったジャムは未開封でも冷蔵保存が望ましいです。

1 パイナップルはマッチ棒状に切り、バナナは5mm厚さの輪切り、パッションフルーツはスプーンで実を取り出す。

2 縦長の容器にバナナ、冷凍マンゴーを凍ったまま入れ、レモン果汁を加える。

3 ハンドブレンダーで撹拌し、ペースト状にする。

4 鍋にパイナップル、3のペースト、グラニュー糖100gを入れ、絶えず混ぜながら中火で煮る。

5 沸騰してきたら弱火にしてふたをし、ときどき混ぜながら、焦げないように気をつけて煮る。

6 パイナップルがやわらかくなってふんわりしたことを確認する。

7 グラニュー糖100gを加え、さらに1分ほど煮る。

8 ハンドブレンダーで撹拌してペースト状にし、アクを取る。

9 さらにグラニュー糖100gを加え、とろみがつくまで煮る。

10 仕上げにパッションフルーツを加え、1分ほど沸騰させて火を止める。

11 熱いうちに瓶に詰め、ふたをする。逆さまにして完全に冷めるまでおく。

シンプルクッキー＋はちみつキャラメルペースト

はちみつの味が楽しめるキャラメルペーストです。
バターは食塩不使用のものを用いますが、好みで有塩のものを使ってもOK。
使うはちみつによって仕上がりの味が変わるのが楽しいので、
いろいろと試してみてください。

はちみつキャラメルペースト > 作る時期 ▶ 年中

材料 90㎖容量の瓶3本分
バター（食塩不使用） 70g
生クリーム（乳脂肪分35〜40%） 200㎖
グラニュー糖 120g
はちみつ（好みのもの） 30g
水 20㎖

1 バターは小角切りにする。

2 生クリームは小鍋に入れて弱火にかけ、鍋の縁が沸騰したら火を止める。

3 別の鍋にグラニュー糖、はちみつ、水を入れて中火にかける。

4 ゴムベラで混ぜながら、煙が上がってキャラメル色になったら火を止める。

5 1のバターを加える。

6 混ぜずに、続けて2の生クリームを3回に分けて加える。はじめは少し、後半は多めに加えていく。

7 すべての生クリームを入れたら、少し沸騰が落ち着くまで待ち、泡立て器でよく混ぜる。

8 再び中火にかけ、泡立て器で混ぜながら1分ほど沸騰させる。

9 火を止め、ゴムベラなどで材料が分離していないことを確かめる。泡がまったくない状態。

10 熱いうちに瓶に詰め、ふたをする。逆さまにして完全に冷めるまでおく。

チョコレートとキャラメルのおいしさが融合した、
ちょっと贅沢なテイストのペースト。
チョコレートを加えている分、冷えるとかたくなるので、
食べる際には少し室温に戻してください。

ビターチョコとキャラメルペースト ＞ 作る時期 ▶ 年中

材料 90㎖容量の瓶4本分
バター（食塩不使用） 70g
生クリーム（乳脂肪分35〜40%） 200㎖
グラニュー糖 150g
水 20㎖
製菓用ビターチョコレート
　（カカオ分50〜56%。タブレット） 50g
塩（粗塩） ひとつまみ

1 バターは小角切りにする。

2 生クリームは小鍋に入れて弱火にかけ、鍋の縁が沸騰したら火を止める。

3 別の鍋にグラニュー糖、水を入れて中火にかけ、煙が上がってキャラメル色になったら火を止める。

4 1のバターを加える。

5 混ぜずに、続けて2の生クリームを3回に分けて加える。はじめは少し、後半は多めに加えていく。

6 すべての生クリームを入れたら、少し沸騰が落ち着くまで待ち、泡立て器でよく混ぜる。

7 再び中火にかけ、泡立て器で混ぜながら1分ほど沸騰させ、火を止めてチョコレートを加える。

8 再び中火にかけ、泡立て器で混ぜながら、30秒ほど沸騰させる。

9 火を止め、ヘラなどで材料が分離していないことを確かめる。

10 塩を加え、混ぜて溶かす。

11 熱いうちに瓶に詰め、ふたをする。逆さまにして完全に冷めるまでおく。

ミックスジャム

キルシュ入りいちごと橙のジャム

アマレット入りりんごとデコポンのジャム

ふたつのジャムを混ぜ合わせてひとつの瓶に詰めたものが、ミックスジャム。
サラサラにでき上がってしまったジャム、煮詰めすぎて甘くなりすぎたジャムなどを
組み合わせてミックスするとよいですね。また、食べきれずに未開封のまま残っていた
ジャムを2種類混ぜると、単品ジャムとはまた違ったおいしさが楽しめます。
ミックスジャムを作る際は、それぞれのジャムを瓶から出して鍋に移し、さっと沸騰させるのが基本。
そのあとで瓶に詰め直します。煮詰まって甘くなりすぎるのが気になる場合は、
最後にラム酒やアマレット酒、キルシュ酒を大さじ1ほど加えるとすっきりした甘さにまとまります。
好みで少量のスパイスを入れるのもありです。
ここでは、例としてミックスジャム2種を紹介します。

キルシュ入りいちごと橙のジャム ⟩

合わせるもの
粒ごといちごのジャム（ゆるめのもの）　適量
橙のジャム（かためのもの）　適量
キルシュ酒　大さじ1

1　鍋にふたつのジャムを入れて中火にかける。

2　ゴムベラで混ぜながらさっと沸騰させて火を止め、キルシュ酒を加えて再びさっと沸騰させる。

3　火を止め、熱いうちに瓶に詰める。

4　ふたをして、逆さまにして完全に冷めるまでおく。

アマレット入りりんごとデコポンのジャム ⟩

合わせるもの
りんごのプレーンジャム　適量
デコポンとドライあんずのジャム　適量
アマレット酒またはラム酒　大さじ1

1　鍋にふたつのジャムを入れて中火にかける。

2　ゴムベラで混ぜながらさっと沸騰させて火を止める。

3　アマレット酒を加えて再びさっと沸騰させる。

4　熱いうちに瓶に詰め、ふたをして、逆さまにして完全に冷めるまでおく。

2層ジャム

トロピカルといちごのジャム　　　　　　はちみつキャラメルとブルーベリーのジャム

ふたつのジャムをひとつの瓶に2層にして詰めたものが、2層ジャム。
食べる際には、混ざらないようにスプーンですくって食べてもよし、はじめから混ぜて食べてもよし。
また、ふたを開けて上から使っていき、途中でミックスのおいしさを味わい、
最後に下のジャムを楽しむこともできます。
きれいな2層に仕上げるポイントは、下の層にはペクチンが効いたタイプのかためのジャム、
果実の形がしっかりとしたジャムを選ぶこと。
下段上段とも、かたさのあるものを選んでもよい。
逆にやわらかいジャム同士を組み合わせて、瓶の中でマーブル状にすることも可能。
でき上がったジャムは開封前でも冷蔵保存が好ましい。
ここでは、例として2層ジャム2種を紹介します。ジャムは作りたての熱々のものを使うか、
そうでない場合はいったん火にかけて熱々にしたものを使います。

トロピカルといちごのジャム

合わせるもの
トロピカルジャム（熱いもの）　適量
粒ごといちごのジャム（熱いもの）　適量

1　トロピカルジャムを瓶の半分の高さまで入れ、そのまま冷まし、冷めたら粒ごといちごのジャムを入れる。

2　ふたつめのジャムは、ひとつめのジャムが動かないようにそっと入れる。上までめいっぱい詰める。

3　ふたをし、逆さまにして完全に冷めるまでおく。

はちみつキャラメルとブルーベリーのジャム

合わせるもの
はちみつキャラメルペースト（熱いもの）　適量
ブルーベリーのジャム（熱いもの）　適量

1　はちみつキャラメルペーストを瓶の半分の高さまで入れ、そのまま冷まし、冷めたらブルーベリーのジャムを入れる。

2　ふたつめのジャムは、ひとつめのジャムが動かないようにそっと入れる。上までめいっぱい詰める。

3　ふたをし、逆さまにして完全に冷めるまでおく。

文旦のピール 砂糖仕上げ 〉 作る時期 ▶ 1〜3月

ゆでこぼした柑橘の皮をシロップで煮て乾かし、グラニュー糖をまぶす「砂糖仕上げ」タイプのピール。
皮の水分や作る環境（湿度）によってスムーズに乾かないこともあるので、
おおらかに考えてゆっくりと作ることをおすすめします。
グラニュー糖の分量は皮の重量と同量と覚えておきましょう。

材料（作りやすい分量）
文旦の皮　2個分
グラニュー糖　250g（皮の重量と同じ）
仕上げ用
　グラニュー糖　適量

1 文旦は洗って水気をきり、上の部分を少し切る。実に白い部分が少しついている程度に皮をむく。

2 白い部分が厚ければ少し切り落とし、1〜1.5cm幅、5cm長さの棒状に切り揃える。

3 **2**を鍋に入れ、たっぷりの水を加えて中火にかけ、沸騰した状態で15分ほどゆで、湯を捨てる。

4 これをあと2回繰り返し、合計3回ゆでこぼす。

5 竹串を刺してみてやわらかくなっていることを確認。皮を計量し、250gとする。グラニュー糖も同量用意。

6 鍋に**5**の皮とグラニュー糖を入れ、焦げない程度の弱めの中火にかける。

7 じわじわと水分が出てきたら、ゴムベラで混ぜながらシロップをからめるようにして煮る。

8 汁気が鍋底に5mmほど残るくらいになるまで混ぜながら煮る。焦がさないように注意する。

9 すぐにザルに上げて余分なシロップをきる。

10 粗熱を取り、熱が残っているうちにオーブンシートを敷いたバットに間隔をあけて並べる。

11 3時間以上そのままおき、裏返し、半乾きにする。乾燥しにくい場合は、オーブンシートをかぶせて次の日までおく。

12 半乾きになったら、グラニュー糖をまぶす。保存容器に入れて冷蔵保存する。湿気が気になる場合はシリカゲルも一緒に入れる。

p.86と同様、砂糖仕上げのピールです。甘夏、はっさくでも同様に作れます。
このままお茶請けとして楽しむほか、クリームを使ったお菓子や、
キャロットケーキなどドライフルーツと合いそうなお菓子にのせて味のアクセントに使います。
冷蔵庫で保存中に汁気が出てきて、まぶした砂糖が溶けていないかをときどき確認。
溶けていた場合は、ふたなしで冷蔵庫で乾燥させ、
再度グラニュー糖をまぶします。

紅甘夏のピール 砂糖仕上げ 〉 作る時期 ▶ 3〜5月

材料（作りやすい分量）

紅甘夏の皮　2個分

グラニュー糖

　　150g（皮の重量と同じ）

仕上げ用

　グラニュー糖

1　紅甘夏は洗って水気をきり、上の部分を少し切る。実と白い部分の間に包丁を入れて皮をむき、皮から白い部分を削ぐ。

2　**1**を鍋に入れ、たっぷりの水を加えて中火にかけ、沸騰した状態で15分ほどゆで、湯を捨てる。

3　これをあと2回繰り返し、合計3回ゆでこぼす。

4　1辺が3cmほどの三角形になるように切り揃える。皮を計量し、150gとする。グラニュー糖も同量用意。

5　鍋に**4**の皮とグラニュー糖を入れ、焦げない程度の弱めの中火にかける。

6　じわじわと水分が出てきたら、ゴムベラで混ぜながらシロップをからめるようにして煮る。

7　汁気が鍋底に5mmほど残るくらいになるまで混ぜながら煮る。焦がさないように注意する。

8　すぐにザルに上げて余分なシロップをきる。

9　粗熱を取り、熱が残っているうちにオーブンシートを敷いたバットに間隔をあけて並べる。

10　3時間以上そのまX おき、裏返し、半乾きにする。乾燥しにくい場合は、オーブンシートをかぶせて次の日までおく。

11　半乾きになったら、グラニュー糖をまぶす。

12　まんべんなくまぶす。保存容器に入れて冷蔵保存する。湿気が気になる場合はシリカゲルも一緒に入れる。

ゆでこぼした柑橘の皮をシロップでていねいに煮た、
「シロップ仕上げ」タイプのピールです。
3回に分けて糖度を上げていくので仕上がるまで時間はかかりますが、
市販のものにはないおいしさを味わえるのが魅力です。
そのままお茶請けとして食べるほか、
お菓子やパンに刻んで焼き込んだりして使います。
炭酸水で割ってもおいしい。冷蔵庫で1年ほど保存可。

はるかのピール シロップ仕上げ 〉 作る時期 ▶ 2～3月

材料 230㎖容量の瓶2本分
はるかの皮　3個分
1回目のシロップ（グラニュー糖と水は1対2の割合）
　グラニュー糖　100g
　水　200㎖
＊シロップは皮を鍋に入れて
　1㎝上になるような目安で量を決める。
2回目のシロップ（氷砂糖と水は1対1の割合）
　氷砂糖　200g
　水　200㎖
3回目のシロップ
　氷砂糖または水飴　20g
　はるかの果汁　約90㎖

1日目

1　はるかは洗って水気をきり、白い部分ごと皮をむく。

2　実は、ザルで漉しながら果汁を搾る。90㎖くらい（とれた分でよい）。4日目まで取っておく。

3　鍋に**1**を入れ、皮の2倍量くらいの水を加えて中～強火で沸騰させ、10分ほどゆでて湯を捨てる。

4　これをあと2回繰り返し、合計3回ゆでこぼす。竹串がすっと通るようになったらザルに上げる（250g目安）。

5　鍋に1回目のシロップの材料を入れて火にかけ、沸騰したら**4**を入れる。

6　オーブンシートで落としぶたをし、弱火で20分ほど煮て火を止め、鍋ごと冷蔵庫でひと晩おく。この時点で糖度は45度以下。

2日目

7　ザルで漉し、皮を鍋に戻し、2回目のシロップの材料を加える。落としぶたをして10分弱火で煮る。

3日目

8　**7**を再び弱火にかけ、沸騰してから5分ほど弱火で煮る。この時点で糖度55度目安。

4日目

9　3回目のシロップの材料を加え、落としぶたをして10分弱火で煮る。この時点で糖度65度目安。

5日目

10　落としぶたをとって弱火で沸騰させて火を止め、皮を瓶に詰める。シロップを再沸騰させて注ぐ。

11　熱いうちにふたをし、逆さまにして完全に冷ます。

ピールとシロップ＋炭酸水＋氷

橙のピール シロップ仕上げ

作る時期 ▶ 1〜2月

材料 230ml容量の瓶2本分

橙の皮 2個分

1回目のシロップ（グラニュー糖と水は1対2の割合）

　グラニュー糖 150g

　水 300ml

　＊シロップは皮を鍋に入れて
　　1cm上になるような目安で量を決める。

2回目のシロップ（氷砂糖と水は1対1の割合）

　氷砂糖 300g

　水 300ml

3回目のシロップ

　氷砂糖または水飴 50g

　柑橘の果汁（レモン以外） 50ml

スパイス

　バニラビーンズ（好みで） ½本

　スターアニス（好みで） 1個

　白粒こしょう（好みで） 5〜6粒

柑橘を食べたあと、皮がきれいでたっぷりあるときに、ピールが作りたくなります。

ここでは橙を使い、バニラビーンズ、スターアニス、白こしょうを加えた魅惑のピールを紹介します。

スパイスを加えるときは2日目か3日目に加えます。

シナモンスティックを入れたり、仕上げにキルシュ酒を入れてもOK。

冷蔵庫で1年ほど保存可。

1日目

1 橙は洗って水気をきり、包丁で皮に十字の切り込みを入れ、皮をむく。内側の白い部分はそのままでよい。

2 鍋に**1**を入れ、皮の2倍量くらいの水を加えて中〜強火で沸騰させ、15分ほどゆでて湯を捨てる。

3 これをあと2回繰り返し、合計3回ゆでこぼす。竹串がすっと通るようになったらザルに上げる。

4 皮を計量して200gとし、縦半分に切る。

5 鍋に1回目のシロップの材料を入れて火にかけ、沸騰したら**4**を並べ入れる。

6 オーブンシートで落としぶたをし、弱火で30分煮て火を止め、鍋ごと冷蔵庫でひと晩おく。この時点で糖度は45度以下。

2日目

7 ザルで漉す。＊味見しておいしければとっておき、炭酸水で割って飲んでも。

8 鍋に皮を戻し、2回目のシロップの材料とスパイスを入れ、落としぶたをして10分弱火で煮る。氷砂糖は溶けていなくてよい。

3日目

9 **8**を再び弱火にかけ、沸騰してから5分ほど弱火で煮る。この時点で糖度55度目安。

4日目

10 3回目のシロップの材料を入れ、落としぶたをして10分弱火で煮る。この時点で糖度65度目安。

5日目

11 落としぶたをとって弱火にかけ、再沸騰させて火を止める。

12 瓶の中に皮を隙間なく詰め、シロップをもう一度沸騰させて入れる。熱いうちにふたをし、逆さまにして完全に冷ます。

1 ボウルの上にザルをのせ、シロップ仕上げのピールをあけ、汁気をきる。＊ここでは橙のピールを使用。

2 1㎝幅の斜め切りにする。

3 バットの上にペーパータオルを敷き、**2** を並べて室温に1〜2時間おいて少し乾燥させる。

4 ピールの端を持ち、テンパリングしたチョコレートをつける。

ピールのチョコレートがけ ＞

材料（作りやすい分量）
シロップ仕上げのピール
　1瓶
テンパリングした
　チョコレート（右記参照）
　適量

ピールをチョコレートがけにする場合は、
ピールを好みの大きさに切って汁気をしっかりきっておくことが大事。
室温に1〜2時間おいて少し乾燥させておくといいでしょう。
その後、テンパリングしたチョコレートにくぐらせて仕上げます。

5 オーブンシートを敷いたバットなどに並べ、そのまま乾かす。

6 保存容器にオーブンシートを敷き、**5**を並べ、冷蔵庫で保存。

チョコレートが残ったら……

オーブンシートを敷いてバットなどに流し入れ、冷蔵庫で冷やしかため、チョコレートとして食べる。ほかの焼き菓子に使用しても。

テンパリングの方法

テンパリングとは温度調節のこと。チョコレートは性質上、単純に溶かして冷やすだけではツヤよくかたまらないので、テンパリングが必要です。1回300g程度のチョコレートで行うと成功しやすく、100gでは少なすぎるのでおすすめしません。手順は全部で3段階。①45℃に溶かす ②いったん27℃まで下げる ③29〜32℃に上げる、という温度調整を行うときれいにかためることができます。

＊本書では温度を下げる際に氷水は使わず、細かく刻んだチョコレートを加えて湯せんにつけて温度を27℃に下げる方法を紹介します。

材料（作りやすい分量）
製菓用ビターチョコレート（タブレット） 300g
＊200gはタブレットのまま、100gは細かく刻む。刻んだ分は手でさわらずスケッパーなどを使って扱う。

① タブレットのチョコレートを50〜60℃の湯せんで45℃に溶かす

1 鍋に湯を用意する。チョコレートを入れるボウルは、鍋からの湯気が入ってこないサイズを選び、火を消した状態でのせる。
＊湯の温度が冷めたらボウルをはずして再度湯を温める、などの調整をする。

2 湯せんからはずし、チョコレートが溶けはじめたらすぐには混ぜず、半分くらい溶けるのを10分ほど待ってから混ぜる。

3 さらに5分ほど湯せんにかけて完全に溶かし、湯せんからはずして混ぜてなめらかにする。温度が45℃に満たない場合はもう一度湯せんにかける。

② 刻んだチョコレートを加えて27℃に下げる

4 全体が45℃になったら細かく刻んだチョコレートを加える。

5 10秒ほどそのままにし、自然にチョコレートが溶けるのを待ってからゴムベラでよく混ぜる。これで27℃に下がる。

③ 熱湯に一瞬つけて29〜30℃にする

6 27℃になったら、すかさず熱湯にボウルの底を1〜2秒当てて、湯せんからはずし、チョコレートをかき混ぜて29〜30℃にする。テンパリング完成。
＊もし32℃を超えてしまったら、**1**の手順からテンパリングをやり直す。

田中博子 〉 *Hiroko Tanaka*

福岡市の中村調理製菓専門学校を卒業後、洋菓子店勤務、食育研究家の藤野真紀子氏のアシスタントを6年間務めたのち、2006年に渡仏。アルザス地方の「メゾン・フェルベール」で伝統菓子やジャム作りを中心に学ぶ。帰国後、フランス菓子とジャムを専門にしたお菓子教室「クレアパ」を主宰。数年間のオーストラリア生活をはさみ、現在は地元・九州の佐世保で活躍中。著書に『家庭で作れる アルザスの素朴なお菓子』（河出書房新社）、『セルクルで作るタルト』（文化出版局）、『ジャムの本』（東京書籍）などがある。

■ Instagram @creapa_hirokotanaka

アートディレクション：昭原修三　デザイン：植田光子　撮影：竹内彰雄　スタイリング：千葉美枝子　編集：松原京子
校閲：鷗来堂　プリンティングディレクター：栗原哲朗（TOPPANクロレ）

食べきりサイズで作る
ジャムの本

2025年1月26日　第1刷発行

著　者　田中博子
発行者　渡辺能理夫
発行所　東京書籍株式会社
　　　　〒114−8524　東京都北区堀船2−17−1
　　　　電話　03−5390−7531（営業）
　　　　　　　03−5390−7508（編集）
印刷・製本　TOPPANクロレ株式会社